慈しみとまこと

いのちに向かう主の小道

上智大学キリスト教文化研究所 編

LITHON

まえがき

詩編は、神の義と平和との関係について、次のように語る。

慈しみとまことは出会い
正義と平和は口づけし
まことは地から萌えいで
正義は天から注がれます。
主は必ず良いものをお与えになり
わたしたちの地は実りをもたらします。
正義は御前を行き
主の進まれる道を備えます（詩八五11―14）。

旧約聖書において、「慈しみ」と「まこと」は、しばしば対になって語られる（しかも常にこの順序で）。「慈しみ」は「ヘセド」（ヘブライ語）の訳語であり、「エレオス」（ギリシア語）「ミセリコルディア」（ラテン語）と受け継がれる。一方「まこと」は、「エメト」（ヘブライ語）の訳語であり、「アレーテイア」（ギリシア語）「ヴェリタス」（ラテン語）と受け継がれる。これら「慈しみ」と「まこと」は、旧約聖書において、神の本質を表している。またこれらは、「義」「公正」「平和」とともに、神の属性として人格化されていた。このことはまた、新約聖書にも受け継がれる。

律法学者たちとファリサイ派の人々、あなたたち偽善者は不幸だ。薄荷《はっか》、いのんど、茴香《ういきょう》の十分の一は献げるが、律法の中で最も重要な正義、慈悲《いつくしみ》、誠実《まこと》はないがしろにしているからだ。これこそ行うべきことである。もとより、十分の一の献げ物もないがしろにしてはならないが（マタ二三23）。

そこで、二〇一六年度の聖書講座は、「慈しみとまこと――いのちに向かう主の小道――」をテーマとして、開催された。本書は、この講座に基づいている。

月本昭男氏は、「聖書ヘブライ語から考える『いつくしみ』と『まこと』」というタイトルで、これら二つの言葉の意味と関係を、言語学的観点から論じる。「いつくしみ」(ヘセド)の類義語として、「あわれみ」(ラハミーム)と「めぐみ」(ヘーン)がある。上述したように、「ヘセド」は、七十人訳ギリシア語では「エレオス」、ラテン語では「ミセリコルディア」と訳された。一方、「まこと」は、「エメト/エムナー」の訳語である。いずれも、両者は、「真実」と訳される同語根の言葉である。「エメト」がギリシア語に訳される時、「アレーテイア」(真理)と「ピスティス」(信仰)となり、ラテン語では、それぞれ「ヴェリタス」「フィーデス」となった。ちなみに、「アーメン」は、「エメト」と同語根の言葉である。旧約聖書において、「いつくしみとまこと」(ヘセド・ワ・エメト)という表現が、多数散見される。また、「ヘセド」と「エムナー」が対語として語られることも少なくない。すなわち、「ヘセド」と「エメト/エムナー」は、一つのこととして捉えられているのである。

ホアン・アイダル師は、「教皇フランシスコの思想における『いつくしみ』の意味」というタイトルで、教皇の思想と実践において、「いつくしみ」がどのように位置づけられ、また体現されているかについて検証する。「いつくしみ」の重要性は、冒頭で引用される教皇自身の言葉が示しているとおりである。「教会の生命を支える柱は、いつくしみです。……教会が世に向けて語るどんなメッセージにもどんなあかしにも、いつくしみが欠けてはなりません。」同時にまた、アイダル師は、教皇フランシスコが祈りの人であることを再確認している（彼がアルゼンチンで神学生であった時、教皇は彼の院長であった。）教皇の思想において、「いつくしみ」は、もう一つの愛の表現である。換言すれば、「いつくしみ」は、神の愛の特質を端的に表している。その特質とは、「大げさ・過剰」と表現される。つまり、神の愛としての「いつくしみ」は、人間の思い、理解、そして願いを遥かに凌駕している、ということにほかならない。

竹田文彦氏は、「『肝苦《ちむぐ》りさ』の心――神のいつくしみと私たちの回心――」というタイトルで、「慈しみ」の原義について論じる。その際、彼は、新約聖書に基づいて、「慈しみ」の類義語である「憐れみ」（スランクノン）に注目する。なぜなら、この言葉は、神の慈しみを端的に表しているからである。同語は、新約聖書において一七回現れる。その動詞形の「憐れに思う」（スプランクニゾマイ）は、一二回使われるが、その主語は、（たとえ話の中で）神（三回）かイエス（九回）に限られ、人間が主語となることはない。「スプランクニゾマイ」は、「はらわた」を意味する「スプランクノン」からの派生語であり、その意味は、「はらわたが震えるような思いにおそわれる」というもの。文字通りには、「はらわたが震える、よじれる、ちぎれる」といった意味である（日本語の「断腸の思い」に近い）。竹田氏は、この言葉の意味と沖縄の方言「肝苦りさ」のそれとを重ね合わせて考察する。両者には、二つの共通点がある。一つは、その対象に対して何の条件も問わないということ。もう一つは、相手の苦しみをまさに自分のそれとして受け止めるということである。

日は空を月にゆずりて女郎花《おみなえし》

桂　信子

キリスト教文化研究所所長　竹　内　修　一

慈しみとまこと——いのちに向かう主の小道

目次

聖書ヘブライ語からみる「いつくしみ」と「まこと」

月本昭男

ご紹介いただきました月本昭男です。私の講演は「聖書ヘブライ語からみる『いつくしみ』と『まこと』」という題であり、言語からのお話しですから、いたって味気のない内容になろうかと思いますが、どうか、お許しいただきたく存じます。また、聖書引用は原則として試訳を用いていることも、はじめにお断りしておきます。

一　ヘセド「いつくしみ」というヘブライ語

旧約聖書で「いつくしみ」と訳される代表的なヘブライ語はヘセド（ḥesed）ですが、そのほかに、類義語としてラハミーム（raḥamîm）とヘーン（ḥēn）があります。一般的に、ラハミームは「あわれみ」、ヘーンは「めぐみ」と訳されてきました。

はじめにヘセドについて触れてみましょう。ヘセドはヘブライ語に特有の単語です。ヘブライ語は、歴史言語学上、セム語と呼ばれる語族に属します。セム語族には、今日のアラビア語やエチオピア語があり、古代ではフェニキア語、アラム語、さらにはバビロニアやアッシリアの言語であったアッカド語などがこれに属します。これらの言語は文法的に共通点が多いだけでなく、共通語も少なくなくありません。たとえば、ヘブライ語で「家」はバイト（bayt）ですが、アッカド語ではビートゥ（bītu）、アラビア語ではバイトゥン（baytun）です。このようにセム系言語に共通する語を共通セム語と呼びます。

ところが、旧約聖書にはヘブライ語だけにしか用いられない単語もみられます。ヘセドがそうなのです。ヘセドは、後に、アラム語に取り入れられてゆきますが、元来はヘブライ語特有の単語でした。しかも、動詞形がないのです。

セム語の単語は基本的に三つの子音から構成され、これを語根と呼び習わします。その基本形が動詞ですが、その語根に付される母音を変化させ、語根に接頭辞や接尾辞をつけることによって、様々に意味を変化させてゆくのです。そこにセム語的な発想が見受けられます。

たとえば、漢字語で「図書館」という単語をみますと、図像を表す「図」、書物を表す「書」、それに建物を表す「館」から成り立っています。それは、図書館が少なくとも三つの要素から成り立っていることを意味します。しかし、セム語はそういう単語の作り方をしません。ヘブライ語で「図書館」はシフリヤー(sipriyāh)といいますが、セーフェル(sēper)「書物」という語に由来します。これらの語根はSPRとなり、この語根の基本義を表す動詞がサーファル(sāpar)です。この動詞は「書きつける」という意味ですが、そのおおもとは「数える」ことを表しました。それは、「書く」という行為のおおもとが物品を数えて、出納をつけることに由来したのです。要するに、ヘブライ語において、「図書館」は「書きつけられたもの」である「書物」を基本に考えます。「図」や「館」などは二次的であるということになります。これがセム語の特色です。これを一般的に言い換えれば、ヘブライ語においては、事物を構成要素に分けて理解するのではなく、事物の本質を直観的につかみとっている、ということです。

ですから、ヘセド「いつくしみ」について、それを成り立たせている要素に分けて説明することはできません。では、ヘセドとは何か、といいますと、その答えはなかなか難しい。なぜかと申しますと、この語根は動詞で使われることがないからです。ヘセドは「いつくしみ」と訳しますから、同じ語根の「いつくしむ」という動詞ハーサド（もしくはハーセード）が用いられてよさそうなものですが、唯一の例外（詩一八26［＝サム下二二26］）を別にすれば、そのような動詞が旧約聖書に用いられることはありません。同語根の名詞には、ほかに、ハシードという単語があります。これについては後で触れます。

ヘセドという単語の用例は、旧約聖書全体で二四五例みられますが、その半数をこえる一二七例が詩篇です。詩篇では、ほぼ例外なく、すべて人間に対する神ヤハウェのヘセドという意味で用いられます。つまり、「いつくしみ」はもっぱら神の特性として詠われます。物語などにおいては、人間同士の「いつくしみ」も少なからずみられます（創二〇13、二一23他）。「いつくしみの人は自分の魂に報いを与える」（箴一一7）などは「情けは他人の為ならず」を思わせる格言です。他方、預言書におけるヘセドの用例は意外に少なく、ホセア書、エレミヤ書、第二イザヤ（イザヤ書四〇～五五章）、ゼカリヤ書における五例前後の用例に限られます。その場合、神に対する人間のヘセドという用法もみられます（エレ二2、ホセ六4他）。この場合には「真実」などと訳されます。

「真実な者、敬虔な者」などと訳されるハシードも、旧約聖書中の用例三二のうち二五例が詩篇に集中し、神ヤハウェのヘセド「いつくしみ」に生きる人を指します。この単語の複数形ハシディームは、後に、ユダヤ教神秘主義のひとつハシディズムの語源となりました。それ以外には、この語根からなる単語はありません。

ヘセド「いつくしみ」は七十人訳ギリシア語でエレオス（éleos）、ラテン語ではミセリコルディア（misericordia）と訳されました。ところが、旧約聖書で数多く用いられるヘセド＝エレオスは、意外なことに、ギリシア語の新約聖書には多く用いられることはありません。用例数二六ですから、旧約聖書の用例のほぼ十分の一ほどです。旧約聖書で神の特性として重視されるヘセド＝エレオスが新約聖書で多くは用いられない理由はどこにあるでしょうか。旧約聖書のヘセド＝エレオスの思想は、新約聖書のアガペー「愛」に吸収されたのであろう、と私は判断します。

二　ラハミーム「あわれみ」とヘーン「めぐみ」

ヘセドの類義語にラハミーム（raḥamîm）とヘーン（ḥēn）がある、とはじめに申しました。このうちラハミームは「あわれみ」と訳されてきました。同語根の形容詞ラフーム（raḥûm）は「あわれみ深い」、動詞のリハム（riḥam）は「あわれむ」という意味で用いられます。これらは共通セム語ですから、ほかのセム語でも用いられています。たとえばアッカド語で「あわれみ」はレーム（rēmu）、形容詞「あわれみ深い」はレメーヌー（rēmēnû）、動詞「あわれむ」はレーム（rêmu）となります。これらはいずれもヘブライ語とほとんど同じ用いられ方をします。ただし、ヘブライ語では名詞レヘム「あわれみ」はつねにラハミームという複数形で用いられます。レヘムは、興味深いことに、「母胎」

を指しました。ヘブライ語においては、レヘム「母胎」を複数形にして「あわれみ」を表すようになったのです。

　このように、内臓器官が人間の感情や思考の座と考えられ、人間の内面のはたらきを表す例はほかにもみられます。多くの言語に共通するのは「こころ」でしょうか。ヘブライ語でも、レーブ「心臓」が人間の内面を表す「こころ」という意味で用いられます。ヘブライ語では、そのほか、キルヨート「腎臓」も「思い」という意味で用いられます。要するに、女性の母胎が母親特有の子供をかえりみる母性愛をつかさどる器官と考えられ、さらにその複数形ラハミームによって、すべての人が抱きうる他者を「あわれむ」気持ちを表すようになった、と考えられるのです。

　用例数は、名詞ラハミームも動詞リハムも四〇前後（形容詞は一三例）ですが、ヘセドの場合と同じように、神ヤハウェを主語とする用例が大半を占めています。人間を主語とする場合には、親が主語となる用例が目立ちます（「母」イザ一三18、「父」詩一〇三13など）。ギリシア語では、動詞オイクテイロー（oikteírō）とその派生語（オイクティルモス（oiktirmós）「あわれみ」、オイクティローン（oiktírōn）「あわれみ深い」）を充てることもありますが、ヘセドのギリシア語エレオスとその動詞形エレエオー（eleéō）をこれに用いることも少なくありません。それは、ラハミームがヘセドとほぼ同義であることを示唆します。ラテン語でも「あわれみ」にミセラティオ（miseratio）を充てますので、ミセリコルディア「いつくしみ」と響き合っていることがわかりましょう。

ヘセドのもう一つの類義語へーンは「めぐみ」と訳されます。へーンも共通セム語ですから、動詞形ハーナン（ḥānan）「めぐむ」をはじめとする同語根語も少なくありません。カルタゴ将軍の名ハンニバルは「バアルは私を恵んでくださった」という意味のフェニキア語名で、ハンニ（ḥanni）にヘブライ語と同じ動詞が用いられています。

旧約聖書におけるこの語の用例数は、動詞ハーナンが七八回、名詞へーンが六九回を数えます。そのうち、へーンの用例はヘセドのそれと対照的です。ヘセドは用例箇所の半数以上が詩篇ですが、へーンの場合、詩篇には二例しか用いられません（詩四五3、八四12）。それは、へーンがひろく人間関係に用いられることを示しています。

名詞へーンのギリシア語はカリス（cháris）、ラテン語ではグラティア（gratia）ですが、動詞ハーナンは、これもヘセドのギリシア語エレオスの動詞形エレエオー（eleéō）

が充てられます。そこから、このヘーンがヘセドの類義語であることがわかりましょう。

三　「まこと」のヘブライ語エメト／エムナー

次に「まこと」のヘブライ語について触れておきます。「まこと」を表すヘブライ語は、細かく見ますと、ほかにもいくつか指摘できますが、基本的にはエメト（ʾemet）／エムナー（ʾemûnāh）です。エメトとエムナーはいずれも「真実」と訳される同語根（ʾMN）の名詞です。「ʾ」は喉を閉じて母音を発音するときの子音を表し、エメトはエメントが短くなった語形です（ʾementu > ʾemett > ʾemet）。ギリシア語では、これが二様に訳し分けられました。アレーテイア（alḗtheia）とピスティス（pístis）です。アレーテイアは一般に「真理」と訳され、ピスティスは、新約聖書ギリシア語において、多くの場合「信仰」と訳されてきた単語です。ラテン語でも、同様に、ウェリタス（veritas）「真理」とフィーデス（fides）「信仰」とに訳し分けられます。

もう少し詳しくみますと、少数ながら、エメトがディカイオス（díkaios）もしくはディカイオシュネー（dikaiosýnē）と訳される事例があります。前者はイザヤ書六一章8節他、後者はイザヤ書三八章19節他です。ディカイオスは「義しい」という形容詞、ディカイオシュネーはふつう「義、正義」と訳される語ですから、エメト「まこと」は「義、正義」とも結びつくのです。

エメト／エムナーも、ヘセドと同じく、共通セム語ではなく、ヘブライ語およびアラム語に特有の単語であるといってよいと思います。語根（ʾMN）の基本義は「確かさ」です。動詞は受動形（neʾeman）と使役形（heʾemîn）で用いられ、受動形ネエマンは「確かである、真実である」、使役形ヘエミーンは「信じる」と訳されます。ここから、旧約聖書において「信じる」とは、「対象が確かであることを認める」という意味であることがわかります。パウロが好んで引用する創世記一五章6節「彼（＝アブラハム）は主（＝ヤハウェ）を信じた」という箇所などがそれです。この点には後に立ち入ります。

用例数はエメトが一二七例、エムナーが四九例、動詞は受動態が四五例、使役形が五一例となります。それらを合わせれば、二二〇例をこえますが、さらにアーメン（ʾāmēn）の三〇例などが加わります。今日でも祈りや讃美歌の終りに唱えるアーメンもエメトと同じ語根に由来する単語です。「確かです、そのとおりです」というほどの意味です。アーメンに言及したついでに、少しばかり脱線をお許しください。

私が大学生であった一九六〇年代末、日本中に大学闘争の嵐が吹き荒れました。キャンパスでは、毎日のように、授業の代わりに学生集会がもたれていました。その学生集会において、リーダーがアジ演説をしますと、学生たちは一斉に「異議なし！」と叫びました。私はそうしたなかで、「異議なし」はアーメンと同じではないか、と感じたのです。

そこから、さらに、集会そのものが教会の礼拝によく似ていることに気づかされてゆきました。礼拝では司祭や牧師の説教がなされますが、学生集会ではアジ演説です。それはまるで説教のようでした。教会の礼拝説教では、人間の罪を指摘し、そこからの救済が語られます。学生集会では、社会の罪というべき、搾取や抑圧といった社会矛盾からの打破が訴えられました。礼拝では讃美歌が歌われます。学生集会では、その代わりに、「インターナショナル」をはじめとする労働歌が歌われました。しかも、当時、好んで歌われた「ワルシャワ労働歌」には、「これが最後の戦いだ」とか「聖なる血にまみれよ」といった、聖書の終末論やイエス・キリストの十字架を思わせる歌詞が含まれていました。集会の最後には、献金袋ならぬ、カンパ袋が回ってきたのです。

当時、私は地域活動をするサークルに所属しておりましたが、その部室の隣には、金日成の主体思想を、学ぶというより、喧伝する朝鮮問題研究会の部室がありました。そこでみたグラビア雑誌『朝鮮画報』を開いて驚かされたことを思い起こします。そこには、子供を胸に抱き上げ、将来は君たちのものだ、などと語る抗日パルチザンの戦士・金日成の絵が掲げられており、私が子供時分に教会の日曜学校でもらったカードの絵を思い起こさせたからです。カードには、幼子を抱いて「神の国はこのような者たちのものである」と語るイエスが描かれていました。金日成はそれとほとんど同じ姿をしていたのです。

おりしも、東大の宗教学研究室の先生のお一人が、安田講堂の時計台がそびえる東大のキャンパスは寺や神社の境内に似ている、と指摘しておられました。正門から安田講堂にいたる道の両側には銀杏の並木があり、参道のようであり、キャンパス全体は、境内であるかのように、どこも塀で囲まれている、と。人間は権威を誇示しようとすると、高層建造物を建てようとするが、それによって、そこが世界の中心であることを象徴的に示そうとしている、と分析してみせた宗教学者もおりました。バベルの塔がそれでした（上智大学のソフィアタワーがバベルの塔にならないことを念じます）。そこから私は、人間はおのれが信じるものを絶対化するとき、それが宗教であるかどうかに関わりなく、共通の宗教的行動をとるものなのだ、と確信するようになりました。それが、宗教学を専攻する動機の一つとなったのです。

アーメンの説明から随分と脱線してしまいましたが、エメト／エムナーに戻ります。両者はギリシア語でアレーテイア「真理、真実」とピスティス「信仰、真実」とに訳し分けられる、と申しましたが、じつは、エメトに比較的多くアレーテイアを充て、エムナーにピスティスを多く充てています。エメトは客観的な側面を重視していると理解され、エムナーには「信頼に足る」といった主観的判断が加味される、ということでしょうか。そして、シェケル（šeqer）「虚偽」、カーザーブ（kāzāb）「欺瞞」（箴一四25他）などがエメト・エムナーの反意語となります。

四　ヨハネ福音書におけるアレーテイア

七十人訳聖書と呼ばれるギリシア語訳旧約聖書は、ヘブライ語のエメト／エムナーの訳語にアレーテイアとピスティスという二語を充てました。それは新約聖書にも受け継がれてゆきました。そしてこの両語はそれぞれ異なる展開をみせてゆきます。

アレーテイアを重視するのはヨハネ福音書です。新約聖書中、ヨハネ福音書にアレーテイアという語が最も多く用いられます。邦訳聖書ではおおむねこれに「真理」という訳語が充てられますが、ヨハネ福音書はアレーテイアを一貫してイエス・キリストに関連させるのです。すなわち、イエス・キリストは

「恵みと真理に満ちた方である」（一14、17）、
「真理を証しする」（八40、46、一七18、一八37）、
「道であり、真理である」（一四6）
「真理の霊を与える」（一四17、一五26、一六13）

などと記されます。人は「霊と真理をもって神を礼拝しなければならない」（四24）とも命じますが、この場合の「霊と真理」もキリストによって与えられる「真理の霊」を念頭においた表現です。「真理はあなたがたを自由にする」（八32）との言葉もみられますが、この場合も、「真理」とはイエス・キリストにほかなりません。

このように「真理」について述べるヨハネ福音書は、イエスの裁判の記事において、イエスに向かって「真理とは何か」と総督ピラトに問わせています（一八38）。それに対するイエスの応答は記されていません。しかし、ヨハネ福音書をここまでしっかり読んできた読者は、おのずから、「真理」とはイエス・キリストのことである、と理解できるような仕組みになっています。イエス・キリストこそ「真理」を明らかにした神の子であり、「真理」そのものである、とヨハネ福音書は告げています。

これを要するに、旧約聖書に多用される「いつくしみとまこと」の「まこと」が、ヨハネ福音書においては、イエス・キリストの「真理」として受け継がれたということです。

五　パウロにみるピスティス

ヨハネ福音書のアレーテイアに対して、新約聖書中、ピスティスを最も多く用いるのはパウロの書簡です。とくにローマの信徒への手紙とガラテア書でパウロが展開する、いわゆる信仰義認論において、ピスティス・イエスー・クリストゥーという句が繰り返されます。ご存知の方も多いと存じますが、この句をどのように訳し、どう理解するか、ということが新約聖書研究者の間で様々に議論されてきました。邦訳聖書の多くはこれを「イエス・キリストを信ずる信仰」と訳しています。つまり、「ピスティス」を「信仰」と理解しています。しかし、邦訳聖書のなかには、たとえば前田護郎訳（教文館『前田護郎選集・別巻』）のように、「イエス・キリストのまこと」といった訳もみられます。「イエス・キリストの真実／信実／信」と訳すべきだ、と主張する新約研究者は少なくありません。

ピスティス・イエスー・クリストゥーをどのように訳すべきか。これは翻訳技術上の問題に限られません。私たち人間が神の前で罪を赦され、義とされて、救われるのは、私たちのピスティスによるのか、それともイエス・キリスト自身のピスティスによるのか、という信仰理解に関わります。救いの根拠は私たちの「信仰」なのか、イエス・キリストの「真実」なのか、と言い換えることもできましょう。私個人は「イエス・キリストの真実」によって私たちは神の前に義とされる、とパウロの主張を理解するのが正しい、と考えています。

いずれにせよ、パウロは彼の義認論の典拠として、しばしば旧約聖書を引用しますが、重要な箇所はハバクク書二章4節と創世記一五章6節の二箇所です。前者はローマの信徒への手紙一章17節とガラテアの信徒への手紙三章11節に、後者はローマの信徒への手紙四章3、9、23節、ガラテアの信徒への手紙三章6節に引用されています。

ハバクク書のほうは、ヘブライ語本文を直訳しますと、「義人は自分のエムナーによって生きる」となります。話者は神ヤハウェです。これを七十人訳は「自分の（＝彼の）エムナー」を「わたしのエムナー」と変更し、「義人はわたしのピスティスによって生きる」と訳しました。ヘブライ語テクストの「自分のピスティス」とは「義人の真実」ということです。ギリシア語の「わたしの真実」とは「神ヤハウェの真実」ということです。この「わたしのピスティス」を「わたしへの信仰」つまり「神ヤハウェへの信仰」と解することはできません。ヘブライ語では、エメト／エムナーに人称接尾代名詞（「わたしの／あなたの／彼の」）が付された場合、その代名詞が指す存在の行為や姿勢が「真実」であるという意味であり、それ以外の理解は不可能です。パウロはハバクク書のこの箇所を接尾代名詞なしで「義人はピスティス（＝真実）によって生きる」と引用し、それを「イエス・キリストのピスティス（＝真実）」と言い換えたのです。

議論が少しばかり錯綜したかもしれませんが、旧約聖書のヘブライ語表現を前提にするかぎり、パウロの「イエス・キリストのピスティス」は「イエス・キリストへの信仰」ではなく、「イエス・キリストの真実」と訳すべきである、ということです。

創世記一五章6節はそれよりもう少し面倒です。この節のヘブライ語本文を直訳しますと、「そして彼はヤハウェを信じた。彼はそれを彼にとって義しいとみなした」となります。代名詞「彼」が三回繰り返されますが、はじめの「彼」はアブラムです。しかし、後半部分「彼はそれを彼にとって義しいとみなした」に二度言及される「彼」が誰なのかは、原文でも、あいまいなままです。アブラムと神ヤハウェ、いずれにも解せるからです。したがって、「彼はそれを彼にとって義しいとみなした」という短い文章は、四通りの解釈が成り立ちます。

「アブラムは彼自身にとって、それは義しいとみなした」
「アブラムは主（＝ヤハウェ）に対して、それは義しいとみなした」
「主（＝ヤハウェ）は自身にとって、それは義しいとみなした」
「主（＝ヤハウェ）はアブラムに関して、それは義しいとみなした」

翻訳にはこのうちの一つを採用するほかありません。多くの邦訳聖書は、新共同訳「主はそれを彼の義と認められた」がそうであるように、このうち最後の解釈に立っています。ヘブライ語本文によれば、「義しい」とみなされたのは女性単数接尾代名詞「それ」であって、男性単数接尾代名詞の「彼」すなわち「アブラム」ではありません。女性単数接尾代名詞「それ」は、このような場合、それまでに述べた内容あるいは起こった事態を表しますから、「アブラムがヤハウェを信じた」ということです。七十人訳のギリシア語はこれを「それが彼には義しいこととみなされた」と受動態に訳しました。この翻訳は、暗に、「主（＝ヤハウェ）」にそう「みなされた」という理解に立っています。パウロはこれをローマの信徒への手紙四章3節に引用しました。新共同訳では「アブラハムは神を信じた。それが彼の義と認められた」と訳されています。いうまでもなく、神に「認められた」という意味です。ここに「信仰」という語は出てきませんけれども、ヘエミーン「信じる」にはピスティス「信仰」の動詞形ピステウオー「信じる」が充てられています。パウロはこれを「信仰義認論」の典拠としました。そして、続く四章9節には「アブラハムにとって信仰が義と認められた」と記しました。

ところで、「イエス・キリストのピスティス（＝真実）」と私たち人間の「ピスティス（＝信仰）」とがどのように関わるのか、という微妙なここに問題が浮かび上がります。本日は、この点に踏み込むことはできませんが、一言で、私自身の個人的信仰を告白させていただきましょう。「真実（ピストス）」でありえず、「信じる」といっても、あるかなきかの「信仰（ピスティス）」にしか立てない私は、イエス・キリストという存在に示された「神の真実（ピスティス＝真理）」によって、神の救いにあずからせていただける、ということを信じて地上の歩みを続けさせていただいている、と。

ともあれ、パウロは、このように、旧約聖書のエメト／エムナーに充てた二通りのギリシア語のうち、ピスティスを正面から受け止め、それをキリスト教信仰の本質に関わるところに位置づけようと試みたのでした。要するに、旧約聖書に多用される「いつくしみとまこと」の「まこと」が、パウロにおいては「信仰」論として受け止められたのです。

六　旧約聖書において「いつくしみ」と「まこと」は一つ

さて、旧約聖書にもどってみましょう。今回の聖書講座には「いつくしみとまこと」という主題が掲げられましたが、旧約聖書には「いつくしみ」と訳されるヘセドと「まこと」と訳されるエメトとが「と」で結びつけられたヘセド・ワ・エメト「いつくしみとまこと」という表現が数多くみられます。また、ヘセドとエムナーが対語として出る場合も少なからず見られます。それは、旧約聖書がヘセドとエメト／エムナーを別々のものとは考えなかった、ということを示しています。両者は、むしろ、ひとつの事態としてとらえられたのです。さらに、これに「義」「正義」「公正」といった単語が加わることもあります。その古典的個所が出エジプト記三四章6節です。

ヤハウェ、ヤハウェ、あわれみと恵みの神、怒ること遅く、いつくしみとまことに富む方。

この箇所を古典的と申しましたのは、この定式的表現が多少の表現の変更を伴って旧約聖書に広く引用されるからです。代表的な箇所として、民数記一四章18節、ネヘミヤ記九章17節、ヨエル書二章13節、ヨナ書四章2節、詩篇八六篇15節、一〇三篇8節、一四五篇8節などをあげることができます。つまり、「いつくしみとまこと」は、漢字語で申せば「慈愛と真実」ですが、旧約聖書の神の特質の一つであったのです。しばしば、旧約聖書は厳父のような審きの神だけを語っていると受けとめ、これを敬遠する向きもあります。作家の遠藤周作などもそのように受けとめていたように思われます。しかし、そうした理解は必ずしも正しくありません。「審き」もまた旧約聖書の神の特質ですけれども、それは旧約聖書の神の一面でしかありません。もう一面に「いつくしみとまこと」がありました。この両面に目を向けないと、旧約聖書の神を、そして聖書全体が伝える神を、正しく理解したことにはならないのではありませんか。旧約聖書にはたしかに厳しい神の「審き」が伝えられますが、それをこえて神の「いつくしみとまこと」がほぼ全編に響き渡っています。両者があいまって旧約聖書の神観を形づくる、といってよいでしょう。そのことを詠いあげた詩篇に聞いてみましょう。

義と公正があなたのみ座の支え、
慈愛と真実がみ前に進み出ます。　（八九篇15節）

慈愛と真実とが出会い、
義と平和が口づけした。
真実は地から芽生え、

義は天から見下ろす。（八五篇11—12節）

「慈愛と真実（＝いつくしみとまこと）」そして「義と公正」これが旧約聖書の神の属性として詠い出されています。いや、「慈愛と真実」は神の属性であるばかりか、両者は人格化され、み使いのように、神の前を露払いのように先駆ける、と詠われています。そして、「慈愛と真実」の神を信じた旧約聖書の民は、当然のことながら、「義と公正」だけでなく、「慈愛と真実」を果たさなければならない、と受けとめました。箴言は「慈愛と真実があなたを見棄てることのないように」と諭し（箴三3）、「慈愛と真実によって咎は拭われる」（箴一六6）と教えています。生活のなかで「慈愛と真実」を実践する根拠は、いうまでもなく、彼らが信じる神が「慈愛と真実」の神であったからです。そしてその実践は、具体的には、孤児や寡婦そして寄留者に代表されるような、社会的に弱い立場におかれた人たちを保護することにほかなりませんでした。ゼカリヤ書七章9—10節には次のように記されています。

万軍のヤハウェはこう言われた、
真実に基づく裁きを裁け、
互いに慈愛と憐れみを実行せよ。
寡婦と孤児、寄留者と苦しむ者を
あなたがたは抑圧してはならない。
心に互いの災いを企んではならない。

こうした旧約聖書の思想は、いうまでもなく、新約聖書へと受け継がれてゆきました。マタイ福音書二三章23節には、「律法」のなかで最も重要なことは「正義と慈愛（エレオス）と真実（ピスティス）」ではないか、というイエスの言葉が伝えられています。ここで「律法」というのは旧約聖書全体を指しています。このイエスの言葉を伝えた初期キリスト教徒たちも、旧約聖書の真髄を「正義と慈愛と真実」として受けとめていたのです。

七　ホセア書にみる「いつくしみとまこと」

最後に、「いつくしみとまこと」という観点からホセア書を一瞥して、この講演を閉じさせていただきましょう。ホセア書四章1―3節には、次のような言葉が記されています。

1 聞け、ヤハウェの言葉を、イスラエルの子ら。
じつに、ヤハウェはこの地の住民と争われる。
この地には真実がなく、慈愛がなく、
　神を知ることがないからである。
2 呪い、偽り、人殺し、盗み、姦淫がはびこり、
　流血に流血が続いている。
3 それゆえ、地は嘆き悲しみ、
そこに住むものはすべて、

野の獣も空の鳥も衰え、
海の魚までも絶え果てる。

この短い預言の言葉においては、まず1節で、人々の間に「真実（エメト）」と「慈愛（ヘセド）」と「神を知ること（ダアト・エロヒーム）」が欠如していることが指摘されます。「神を知ること」とは「神へのおそれ」であり、「神への信仰」です。2節では、その結果、人間の社会が罪悪によって乱れに乱れている、と糾弾されます。偽りがまかり通り、物欲や性欲が大手を振り、人の権利が踏みにじられ、人命が軽んじられている、と。そして、3節には、それゆえ、生き物の世界までが絶滅の危機に瀕している、と指弾されるのです。

かつてパウロは、人間が抱く大切なものとして「信仰と希望と愛」を掲げましたが（コリントの信徒への手紙（一）一三13）、ホセア書は、人間の最も大切な要件として「真実と慈愛と神を知ること」を掲げました。そして、その要件を欠如させているがゆえに、人間の社会が乱れに乱れ、自然界までもが嘆き苦しむことになる、というのです。じつに、今日的情況が映し出されているかのようです。

では、どのようにして、そうした情況から脱却できるのでしょうか。預言者ホセアはそのことを二章20―22節に次のように語っています。

20 その日、わたしは彼らと契約を結ぶ[注]、
野の獣と、空の鳥と、大地を這うものと。
そして、弓と剣と戦争をこの地から絶ち、
彼らを安らぎのなかに憩わせる。
21 わたしはあなたと永遠に契りを結ぶ。
義と公正、慈愛と憐れみをもって
わたしはあなたと契りを結ぶ、
22 真実をもってあなたと契りを結ぶ。
あなたはヤハウェを知るであろう。

20節の冒頭におかれた「その日」とは、「真実と慈愛と神を知ること」の失われた世界がその破壊と混乱から秩序ある平和へと回復する時を指します。その時が到来すれば、「わたし」すなわち神は、はじめに、絶滅の危機に瀕していた地上の動物たちと「契約」を結びます。かの洪水後にノアとその子孫および地上の生き物と契約が結ばれたように（創九9—17）、人間のゆえに絶滅の危機に瀕した生き物の世界に救いが約束される、というのです。それに続く「弓と剣と戦争をこの地から絶ち」とは、いうまでもなく、人間世界に平和が実現し、社会の秩序が回復されることを意味します。そして、「あなたと」すなわちイスラエルの民と「永遠の契り」が結ばれます。その契りを通して、民の間に失われていた「義と公正」「慈愛と憐れみ」そして「真実」が神の側からもたらされ、民は「ヤハウェを知る」にいたるであろう、と告げられます。

要するに、神は動物およびこの民と契約を結びなおすことにより、四章1—3節で述べられた情況を一変させ、あるべき平和と秩序を回復されるであろう、というのです。そして、その時、人々のなかに、「真実と慈愛」と「義と公正」とが新たに植えつけられ、人々は「（神）ヤハウェを知る」ようになるであろう、と。ここには、「真実と慈愛」は、究極的には、神より授けられるものである、ということが示唆されている、といってよいでしょうか。

聖書の信仰に生かされる私たちもまた、「真実と慈愛」の究極的なありかをしっかりと学び、「真実と慈愛」の証人でありたいとの願いをもって、拙い講演を締めくくらせていただきます。

（注）ほとんど翻訳聖書は、「彼らのために野の獣、空の鳥、大地を這うものと契約を結ぶ」と訳し、註解書も、「彼ら」とは人間ないしイスラエルの民のことであり、この契約は野生の動物が人間に危害を加えなくなるという約束である、と説明してきた。しかし、「彼ら」は、前後の文脈からみても、イスラエルの民ではありえない。また、「野の獣と、空の鳥と、大地を這うもの」は四章3節「野の獣も空の鳥も」や「海の魚」などと同じく、被造物としての生き物を表す表現であって、人

間に危害を加えることが前提になっているわけではない。この原文は、むしろ、「彼らと、すなわち野の獣、空の鳥、大地を這うものと、契約を結ぶ」と訳すべきである。この点に関して、さらに詳しい論証は A. Tsukimoto, Peace in the Book of Hosea – Hos 2: 20a in the Biblical Context, *Annual of the Japanese Biblical Institute*, XXX/XXXI (2003/04), pp. 23-29 に提示した。

教皇フランシスコの神学における「いつくしみ」の意味

ホアン・アイダル

ヴァルター・カスター枢機卿は、フランシスコ教皇の思想をよく知っている神学者ですが、「いつくしみ」は教皇の思想や行動を理解するのに鍵となる言葉だと考えています(1)。私は、これは正しい表現だと思います。

教皇に選ばれて数ヶ月経た時、教皇は言いました。「今日教会が最も必要としているのは、傷を癒すための能力と、信徒たちの心を暖かくする力だとはっきり分かります。」また別の機会には、「私たちの際限ない悲嘆は、無尽のいつくしみによってのみ癒されることができます[2]」。「教会の生命を支える柱は、いつくしみです。……教会が世に向けて語るどんなメッセージにもどんなあかしにも、いつくしみが欠けていてはなりません[3]」。

これは力強い言葉ですし、教皇が多大な自信をもって発言したものです。教皇がいつくしみについて語る時、深い洞察から語っているという印象を受ける人がいます。深い洞察をもって発しているから、人々へ適切に伝えるには難しさがあります。

深い洞察という言葉の代わりに、もし別の表現をするなら、多分インスピレーションと言ったら良いでしょう。教皇フランシスコは祈りの人です。そして、現代世界が最も必要とすることをいつくしみと言う時、これは単に新しい発想でも独自の思想でもなく、祈りから生まれたインスピレーションです。しかし、それだからこそ、この言葉をよく聞いて、その意味について時間をかけて思い巡らす必要があります。

本題へ入る前に、私の話の進め方について一言説明させて下さい。はじめに結論を、つまり、教皇フランシスコにとっていつくしみとは何を意味するのか、私が考えるところを述べます。それから、この結論をより詳細に説明するつもりです。

では、結論から始めましょう。教皇の思想において、いつくしみは「愛」の別の表し方です。そうでしたら、なぜ教皇は「愛」ではなく「いつくしみ」という言葉を用いるのでしょう？ それは、「いつくしみ」という言葉は、愛の一特質を表し、それを特に重要だと教皇は考えているからです。即ち、その特質とは「大げさ・過剰」です。(4) 教皇の考えでは、愛は、少なくとも聖書の理解する仕方では、アヴィラの聖テレジアが興味深い表現を用いているように、必ず人の目には大げさな愛・過剰な愛に見えてしまいます。「神は過剰に愛する（*Dios ama en exceso*）」とアヴィラの聖テレジアは述べています。

教皇は、「いつくしみ」という言葉が「愛」という言葉のこの特質をよく表していると考えます。どういう意味か説明できるように、いつくしみの意味をもっと詳しく考え始める前に、アヴィラの聖テレジアの別の考えを思い出してみます。きっと、神の愛は「大げさ・過剰」とはどういう意味かよりよく理解させてくれるでしょう。

アヴィラの聖テレジアは、何か面白くて深いことを述べています。「たとえ神様が全能であっても、出来ないことが一つあります。つまり、良い商売は出来ません。神様は商売が下手です。」

神様は人間と商売をすると、いつも損をするか、騙されます。その理由は、神様がいつも与えすぎるからです。例えば、私たちを救うために私たちに御子を送りました。限りない価値のあるもの、御ひとり子を奉げ、私たちを買い戻そう（贖おう）とします、この回心しない私たち、変わらない私たち、贈り物の真価を分からず蔑んでしまう私たちに対して。最悪の取引！ 同様に、神はいつも私たちの罪を許し、信頼しています、私たちが回心して、兄弟姉妹である隣人に対していつくしみ深くなるように。しかし、大抵の場合、私たちは神のゆるしを受けますが、罪をおかし続け、隣人に対していつくしみ深くなろうとはしません。神が騙されてしまう別の商売では、あまりにも気前が良いので、神は失って出て行くのです。それゆえ、アヴィラの聖テレジアはまたアイロニーとユーモアをもって次のように言っています。「商売の上手な人が、イエスの良い弟子であることは滅多にありません。」商売上手な人は決して何も失いたくありませんが、イエスの弟子たちは、神と同じように、失う準備ができていなければなりません。そして騙される準備ができていなければなりません。良い弟子の例は、イエスが過剰に愛していると指摘した、神殿の献金箱に生活費全てを入れたあのやもめです（マコ一二41―44）。生活するために持っていた全てを奉げ、何も残しておかなかったとは、商売下手です。

神は計算を好みません。私たちをこれほど大いに愛する必要性はなかったのに、私たちを愛しています。あのやもめもまた、イエスの良い女弟子で、神殿の献金箱に自分の生活費を入れる必要はなかったのに、そうしました。聖テレジアの言葉を使うなら、神もあのやもめも商売が下手な方、過剰に与え、過剰に愛し、教皇の言葉で表すなら、いつくしみに満ち溢れているのです。教皇は考えます。上述したように、神のこの「過剰な（満ち溢れる）」愛、そして良い弟子たちのこの愛こそ、今日の世界と教会が最も必要とするものです。

この「神の世界に対する過剰な愛」は、イエスにおいてどのように現れたのか、具体的に見ていきましょう。「教皇フランシスコ、いつくしみの特別聖年公布の大勅書『イエス・キリスト、父のいつくしみのみ顔（*Misericordiae Vultus*）』」において、教皇はいつくしみの現れとして三つ言及しています。即ち、（一）困っている人への奉仕、（二）ゆるし、（三）心の門を開くことです。

一　困っている人への奉仕

教皇は、二〇一五年一二月八日から二〇一六年一一月二〇日までを「いつくしみ」の聖年として宣言しました。招集の大勅書『イエス・キリスト、父のいつくしみのみ顔』において、少なくともいつくしみの三つの表現を指摘しています。第一の方法では、神のいつくしみは貧しい人々への助けとして表現されます(5)。

とはいえ、なぜ困窮した人々への援助が「いつくしみ」の表現なのでしょう？――つまり、人間に対する神の過剰な（度を越えた）愛のことです――それを理解するには、「父のいつくしみのみ顔」であるイエスが貧しい人々への助けを実践した方法を理解する必要があります。教皇の考えによれば、イエスが困窮した人々――目の見えない人、口のきけない人、身体の麻痺した人、貧しい人、等）へ行った助け（方）には、少なくとも四つの特徴があります。

1　イエスは貧しい人々を助けるだけでなく、むしろ一層彼らへ深い尊敬の念を感じる

イエスの最大の魅力の一つは、貧しい人々へ感じる愛情や尊敬の念だと思います。これは、さらにイエスから私たちが学ばなければいけない心と行為のあり方です。「イエスは群衆の所に来ると、深いあわれみを感じた」、または、「父よ、あなたを讃えます、これらの事を小さな者たちへお示しになりました……」。多くの人が、困っている人を助けるだけで十分だと思ってしまい、その人を愛する必要はないと考えます。しかし、それはイエスの心と行為のあり方ではありません。イエスにおいて「困っている人への愛」は飾り物ではなく、隣人を助けるのは何か本質的なことです。

しかしながら、上述したように、貧しい人々への愛情だけでなく、尊敬の念でもあります。貧しい人々のうちに神は特別な方法でご自分を現されるので、貧しい人々に対して特

別な尊敬を示す必要はあるということです。イエスは貧しい人々を決して「上からの目線で見下ろしたりはしません、むしろ一層、「最も小さな弟や妹のような者」を蔑んではならない、とひじょうに厳しい言葉で私たちに警告します。

「……自分を低くして、この子供のようになる人が、天の国でいちばん偉いのだ。わたしの名のためにこのような一人の子供を受け入れる者は、わたしを受け入れるのである。」「しかし、わたしを信じるこれらの小さな者の一人をつまずかせる者は、大きな石臼を首に懸けられて、深い海に沈められる方がましである。……」(マタ一八4―6)

小さい人々は、イエスが教えまた教皇もくり返しますが、イエスが表明したように、神のことをよく知っています。

「天地の主である父よ、あなたをほめたたえます。これらのことを知恵ある者や賢い

者には隠して、幼子のような者にお示しになりました。そうです、父よ、これは御心に適うことでした。」（マタ一一25―26）

こうした知恵について、教皇はたえず説教や『福音の喜び』の多くの箇所で話しています。神を師とする民衆のこうした知恵を、教会は次のような語句で表現しており、この句に教皇フランシスコはまだ若い司祭だった時、心を動かされました。「神の民が信仰において（*in credendo*）誤ることがない。[6]」

教皇フランシスコは、貧しい人々が持っている特別な価値について、たゆみなく訴え続けます。教皇は単純素朴な人々へ大きな尊敬心を持っています。そしてこれはとても重要な点ですが、説明するのは難しいです。多くの人にとって、教皇フランシスコが貧しい人々の「為にする」ことは全て尊敬の対象です。たとえば、刑務所への訪問、バチカンのホームレスへ持っていく施し、その他……全て確かにそうです。けれども、もっとも重要なのは、教皇が人々にすることではなく、人々に対する尊敬心だと思います。教皇に選出された時、教皇フランシスコの表情や仕草は、――祝福する人々へ（教皇として祝福を授ける前に、自分への祝福を神に祈ってくださいと）頼んでいた――人々に対する尊敬心、そして貧しい人や単純素朴な人は神に近いという彼の確信をよく表していると思います。

ここで一つの思い出を話させてください、教皇フランシスコがアルゼンチンのイエズス会士養成の家で上長だった時のことです。司祭になるために勉強している若者たちによく憶えさせたもので、私たちは週末には教区の教会や信徒の所へ出かけました、「月曜から金曜まで、あなた方は学校の先生から学びます、土曜と日曜は単純素朴な人々から学ぶのです。」

小さな人（社会的に・経済的に・心理的に）と出会った人が、神と出会ったと言うのを、大げさに感じる方は少なくないでしょう。しかし、イエスの考え方や愛し方は明らかにこうなのです。

2　イエスは苦しみと苦しむ人の罪を切り離す

さて、イエスは通りすがりに、生まれつき目の見えない人を見かけられた。弟子たちがイエスに尋ねた。「ラビ、この人が生まれつき目が見えないのは、だれが罪を犯したからですか。本人ですか。それとも、両親ですか。」イエスはお答えになった。「本人が罪を犯したからでも、両親が罪を犯したからでもない。神の業がこの人に現れるためである。」（ヨハ九1―3）

イエスの時代、多くの人々が苦しみを罪と関連づける傾向を持ち、それは貧しい人々の助けに対し、ひじょうに大きな妨げの一つでした。とはいえ、この傾向はイエスの時代のユダヤ人に限られたことではなく、注意を払うべき重要なことです。これは、あらゆる文化・あらゆる時代において、気づかれる一つの傾向です。苦しんでいる人と出会った人が誰でも、感じる誘惑です。それだから、この問題（苦しみを罪と関連づけること）は、引き続き現代の問題になっています。ある現代ユダヤ人著述家は次のように記しています、被害者に責めを負わせるこのような心理学は、いたるところで見られます。そうすることによって、悪はそれほど不合理なものでも恐ろしいものでもなくなるように思えるのです。(7)

頻繁に、私たちは次のようなことを耳にします。「貧しい人が貧しいのは、働かないせいか、十分に努力しないから」あるいは、「いじめられる人は問題があるからいじめられる」、等。イエスの時代に起きていたのと同様、苦しんでいる人に苦しむ理由を付けて責めるのは、悪の不合理から自分を守り、他者を助けないための最高の方法です。貧しい人が貧しいのは働かないせいとすれば、その人を助ける必要はありません。苦しむ人が苦しむのは自分の罪のせいなら、その人を助ける義務はなくなります。

ヨブ記から新訳聖書まで、聖書は一貫して、苦しみの根源を知ることは出来ない、苦しみは徳の欠如の帰結であると考えるのは重大な誤りだと私たちに教えます。聖書は苦しみと悪とを完全に切り離します。イエスは一番貧しい人でありながら、同時に最大の聖人です。

被害者自身をその苦しみの責任者にしない時、他者の苦しみは無視できないものに変わっていき、他者を助ける命令という形を取ります。他者が貧しく、私がそうでない場合、これは唯一確かな事。他者が病気で、私がそうでない場合も、然り。その人を助けないで、ぼんやりしてはいられません。「イエスはお答えになった。『本人が罪を犯したからでも、両親が罪を犯したからでもない。神の業がこの人に現れるためである。』」（ヨハネ九3）他者の苦しみをその人の罪と切り離すなら、その時、神のみわざは、即ち「いつくしみ」は可能になります。

苦しんでいる他者に面したら、その人の悲嘆が私たちの内でも耐えがたくなり、無視できない命令になるまで、沈黙すべきです。この考えは多くの人の目には大げさにしか見えないでしょう。しかし、これはイエスの愛し方なのです。

３　イエスにとって、目の前にいる人は、絶対的な価値を持っています。

イエスにとって、目の前にいる人は、どんな教えよりも、どんな思想よりも大切です。教皇フランシスコは『福音の喜び』で、「現実は理念に勝る[8]」と言っていますが、これは同じ教えを説明しています。

この点について福音書に表れている多くの例から、一つ取り上げてみましょう。マタイ福音書にあるイエスとカナン人（地方）の女との出会いの場面です。

イエスはそこをたち、ティルスとシドンの地方に行かれた。すると、この地に生まれたカナンの女が出て来て、「主よ、ダビデの子よ、わたしを憐れんでください。娘が悪霊にひどく苦しめられています」と叫んだ。しかし、イエスは何もお答えにならなかった。そこで、弟子たちが近寄って来て願った。「この女を追い払ってください。叫びながらついて来ますので。」イエスは、「わたしは、イスラエルの家の失われた羊のところにしか遣わされていない」とお答えになった。しかし、女は来て、イエスの前にひれ伏し、「主よ、どうかお助けください」と言った。イエスが、「子供たちのパンを取って小犬にやってはいけない」とお答えになると、女は言った。「主よ、ごもっともです。しかし、小犬も主人の食卓から落ちるパン屑はいただくのです。」そこで、イエスはお答えになった。「婦人よ、あなたの信仰は立派だ。あなたの願いどおりになるように。」そのとき、娘の病気はいやされた。（マタ一五21―28）

「娘をいやしてください」という女の願いに対して、イエスは最初はタルムードと律法に基づく厳しい言葉を返します。「子供たちのパンを取って小犬に投げてやるのは、よろしくない。」ユダヤ教（思想）では、メシアはまずイスラエルを悔い改めに導くようにしなければならず、イスラエルが悔い改めたら、他の諸国民も悔い改めるであろう、と考えられていました。

従って、当時の大多数のユダヤ人と同じように、イエスの考えは、神の愛を語ることにおいて異邦人の回心を求めて時間や労力を失ってはならない、でした。それだから、「わたしは、イスラエルの家の失われた羊以外の者には、つかわされていない」と言ったのです。しかし、女の返答をイエスは聞きます。そして、信じがたいことに、驚くべきことに、彼女の返答を聞いた後で、考えを変え、行動も変わります。イエスはメシアであり、神の御子でありながら、彼女がユダヤ人でないとしても、一人の女の為に教えを固辞しません。

そして、イエスのこうした行動は福音書全体を通して少なからずくり返されます。イエスにとってはいつも、どんな場合でも、具体的な人がどんな教えよりも大切です。イエスにとって、神から一番大切な言葉は、目の前に立っている人です。

「注意を傾けることは、いつくしみの最初の表れであり最も純粋な表現です。」この言葉は、教皇がある説教でシモーヌ・ヴェイユという二十世紀の思想家について言及した際、発したものです。この心がなかったら、人を助けることは出来ません。そして、教皇の考えでは、社会も教会もこの心を取り戻さなくてはなりません。とりわけこの時代には、沢山の難民があふれ、ビザ無しで入国許可されず、社会でも教会でも「法の外」に生きる人々が緊急の援助を要しています。

4　イエスの貧しい人に対する助けは自己犠牲を要求する

イエスは貧しい人々の為に働いただけでなく、自ら貧しくなられました。単に健康や物質的な物を人にもたらしただけでなく、ご自身を与えられました。従って、自ら貧しくならない者は、つまり、自分自身を犠牲に献げない者は、貧しい人々を助けることは出来ません。これは福音の中心的な教えです。

「もし、だれかがわたしのもとに来るとしても、父、母、妻、子供、兄弟、姉妹を、更に自分の命であろうとも、これを憎まないなら、わたしの弟子ではありえない。」（ルカ一四26）

「自分の十字架を背負ってついて来る者でなければ、だれであれ、わたしの弟子ではありえない。」（ルカ一四27）

これは行き過ぎに思われがちな愛についての教えですが、私たちの時代には特に思い起こす必要があります。私たちが生きている時代には、自分自身を犠牲に献げないでも他者を助けられる、こんなふうに考える傾向があると私は思います。これは、現代社会で賛辞を送られている人物たちにまかり通っているのは明らかです。実際、自身は貧しくならずに、貧しい人々を援助している有名人が沢山います。

以前、授業の準備のためインターネットでマザー・テレサについての情報を探していたとき、YouTubeでマザー・テレサとダイアナ妃についてのビデオを見つけました。英語のタイトルは「二人の人道主義的女性」となっていました。周知の通り二人とも同じ年（一九九七年）に一週間の違いで亡くなり、どちらも多くの人々に愛されていました。従って、一緒に思い出されるのは不思議ではありませんが、私はYouTubeのページに書かれたコメントに驚き、それが頭から離れなくなってしまいました。以下のようなことが記されていたからです。

私はマザー・テレサよりもダイアナのほうがいい、だってマザー・テレサは極端すぎるから。ダイアナは善を行うには極端になることも、生きることを忘れる必要もないということを私達に教えてくれた。

私はこのコメントは、私達の社会の多くの人々が持っている倫理そして人生を見るあり方を理解するよいヒントになると考えます。私たちの時代、人々が魅力を感じる倫理とは、大げさでなく、犠牲を伴わない、またはインターネットの人が言っていたように「極端でない」倫理なのです。人は、大げさでない善良さを見せる人々を愛します。環境を保護するが、同時に消費社会で安心して暮らしていると思われる人々、平和を推進するが、流行や自分の外見も重視している人々、他者を助けるが、「生きることを忘れない」人々などを愛します。「ポップスター」からサッカー選手、そして「タレント」といった現代のアイドルは全てこのモデルに合致します。私は、いかなる犠牲も払おうとしない人が悪い、と考えているわけではありません。しかし、間違いなく聖書の教えは違います。聖書はお金と隣人、自己イメージと貧者、自分自身の生命と他者の生命を同時に愛することは不可能であると教えています。

二　ゆるし

神の人間に対する「過剰な」愛、つまりいつくしみのことですが、第二のあらわれ方は、罪のゆるしです。教皇がゆるしについて語る時、よく用いる表現があります。ラテン語で、"Miserando atque eligendo"（ゆるしながら愛する・ゆるしながら選ぶ）という成句です。

御父のようにいつくしみ深く——、それがこの聖年の『モットー』なのです。"Miserando atque eligendo" ゆるしながら愛する。わたしはこの表現にずっと感銘を受けております。(9)

この表現は、聖ベーダ・ヴェネラビリス司祭（六七二―七三五年）の説教に由来します[10]。彼は、福音書のエピソード「聖マタイの召命」について記しました。「イエスは徴税人をご覧になり、いつくしみをもって彼を見つめ（Miserando）、そして（atque）彼をお選びになり（eligendo）、彼に言いました、『私について来なさい』。」

イエスがマタイをお選びになった時、彼はまだ罪人でした。イエスは、マタイを選び、愛するために、マタイの回心を待ちませんでした。そして、これは神が私たちを愛する、その愛し方の美しい模範です。神は私たちをゆるしながら愛します。神は私たちを度々ゆるすのではありません。神は絶え間なく私たちをゆるします、私たちをゆるしながら愛しています。もし神が私たちをゆるさないなら、私たちを愛せないでしょう、というのも私たちが神の御前に罪人のままでは居られなくなるからです。神は、私たちをゆるしながら私たちに生命を与えます。日々、私たちの欠点や限界をゆるしながら、私たちに恵みを与えています。

同様に、もし私たちが相手の欠点や罪をゆるす気持ちがなかったら、他者を愛することは出来ません。なぜなら、世界に完全な者はいないからです。ゆるしながら愛することは、愛する唯一の方法です。ゆるしは愛に不可欠な要素です。

しかし、ゆるすとは何でしょう？　多くの人が、相手の行った罪科による苦しみを心から消し去れないからゆるすことは出来ない、と考えます。また他の人々は、相手の行った侵害を忘れられないからゆるすことは出来ない、と考えます。しかし、ゆるすことは、「心の中で苦しみを感じないこと」ではなく、「自分にされたことを忘れること」でもありません。放蕩息子の父親は、息子をゆるした時、彼が行ったことを忘れていたわけではありません。おそらく、長い間、下の息子が行ったことを心に留めて苦悩していたことでしょう。

ゆるすことは、教皇の弁によれば、相手を信じ続けることです。ゆるすことは、イエスが言うように、相手を裁かないこと、つまり罪を犯した相手に何かの「看板」をかけないこと。ゆるすとは、相手と相手の犯した罪を一緒にしないこと、相手にもう一度チャンスを与えること、七の七〇倍のチャンスを与えることです。

ゆるすことは、相手を信じると共に、神を信じることです。相手の心の内に神が働いており、神は悪よりも力強いと信じることです。

三　心の門を開く

いつくしみ聖年は、とても美しいシンボルと共に始まりました。諸教会の扉を開けること、これはいつくしみの現れをシンボリックに表現している、と教皇は考えます。即ち、私たちの心の扉を隣人へ開くことを意味します。

この聖年の間に経験すべきなのは、自分とはまったく異なる周縁（周辺）での生活を送るすべての人に心を開くことです。

私たちは二つのことのために扉を開きましょう。外に出るためと、他の人を中に入れるためです。どちらの行為も恐れを生じさせ、それをするには多くの信仰といつくしみを必要とします。

イエスは、失われたものを探しに出かける必要性を何度も強調しています。

「あなたがたの中に、百匹の羊を持っている人がいて、その一匹を見失ったとすれば、九十九匹を野原に残して、見失った一匹を見つけ出すまで捜し回らないだろうか。」（ルカ一五4）…失われた羊を捜しに出かける

「あるいは、ドラクメ銀貨を十枚持っている女がいて、その一枚を無くしたとすれば、ともし火をつけ、家を掃き、見つけるまで念を入れて捜さないだろうか。」（ルカ一五8）…なくしたお金（銀貨）を（家中）探す

「そして、彼はそこをたち、父親のもとに行った。ところが、まだ遠く離れていたのに、父親は息子を見つけて、憐れに思い、走り寄って首を抱き、接吻した。」（ルカ一五20）…帰郷したくなった息子を探しに出かける

「ほかの町にも神の国の福音を告げ知らせなければならない。わたしはそのために遣わされたのだ。」（ルカ四43）

同様に、教会が「出かける」必要性は、フランシスコ教皇が大いに主張することです。「教会が福音宣教のために殻を破って出て行かなければ、自分で自分を見ているばかり、それゆえ病気になります。」「悪は、時代を越え、自己規範的なものの考え方・見方に固執する（self-referential）組織がはびこる教会に発生します。それはある種の神学的ナルシズム（です。）」（二〇一三年三月、コンクラーベ前に発した演説）

教皇は、教会を苛む諸悪の多くは、根本的なミッションを忘れた結果だと考えます。その使命とは、失われた人々を探しに出かけることです。教皇がアルゼンチンでイエズス会士養成の家の院長だった時、共同体内の諸問題（共同体の会員間の分裂、ケンカ・仲がい、敵意）に対する最良の治療法は、「出かけること」だとよく言っていました。つまり、出かけたら、本人同士の問題はしばらく忘れ、私たちの助けを必要とする多くの困窮した人々の問題に集中できます。

困窮する世界や人々の諸問題と、自分たちの或は共同体内の問題を比すれば、こちらはいかに小さく重要性を欠いているかいつも分かります。

世界の悲惨さと、これほど多くの尊厳を奪われた兄弟姉妹の傷をよく見るために、目を開きましょう。そして、助けを求める彼らの叫びに耳を傾けるよう呼びかけられていることに気づこうではありませんか。彼らの手を握り、彼らをわたしたちのもとに引き寄せましょう。[11]

そして、教皇が教会について一般的に言っていることは、あまりにしばしば自分の問題に多く気を遣っている私たち一人ひとりにも有効です。私たちは時間がないからと、他者の問題を思い起こしたり、その為に祈ったりしません。

しかしまた、心の扉を開かなければなりません、私たちの生活や社会から締め出された人々が入れるようにです。「仲間に入れてあげること、これはいつくしみの別の言い方です。」これは教会にも当てはまるし、現代世界にも適応できます。教皇フランシスコ——離婚した人々・同性愛者、他の宗教の人々にも敬意を払います——の優しい言葉は、教会の中で批判を呼び起こしました。とはいえ、教皇は、恐れを打ち負かし、扉を開くように、絶え間なく私たちを招き続けています。

同様に、教会が「自身から出て、周りへ向かって行き、福音を証し、他者と出会うように」、呼びかけ招きました。「気丈・頑丈な教会を望みます、閉じこもって病気になっているより」とも言いました。そして、「自分たちを自由にしないで隷属状態にしている」あの「古い構造」を批判しました。同じ説教の中で、「出会いの文化、友情の文化、私たちとは違う考え方の人々――違う信仰心の人々も含めて――とも話し合う文化を実現しなければならない、なぜなら、全ての人が神の子供たちだから」と言いました。

現代世界は、他者を閉め出すのに、目に見えても見えなくても壁を築くのが上手です。こうした世の考え方があっても、私たちはイエスの考え方を忘れないようにするのは重要です。

教皇はいつくしみ深くあることは極めて困難だとよく知っており、祈りなしでは不可能だろうと考えています。いつくしみ深くあろうとすれば、恐れが生じます。逃げ出したくなる恐れ、ゆるされた人がゆるしを乱用する恐れ、ルールと正義が相対化される恐れ、等。確かに、ゆるすことは危険を伴います、しかしイエスのように愛する唯一の方法でし、おそらく世界を変える唯一の方法でしょう。

教皇がアルゼンチンでのイエズス会の修道院長であった時、オフィスの壁には聖書で「信仰の父」と呼ばれるアブラハムの絵がかかっていました。アブラハムが手に棒のようなものを持って、像を壊している不思議な絵でした。調べたところ、その絵が表すストーリーはユダヤ教の伝統に属す、タルムードという本のなかにあるストーリーです。

アブラハムの父は偶像の彫刻家だった。だから、アブラハムは金槌を取って父のものであった偶像を全て叩き壊しました。しかし、その中の一体だけを残しておいて、その偶像に金槌を持たせておきました。やがて父のテラがそれに気づいて「誰がこの神々をみな殺したのだ。」と言いました。アブラハムが『あの神がやったのです。金槌を持っているあの神が。』と言うと、『そんなわけがない！　あれはただの石の欠片

「偶像を破壊するアブラハム」『アムステルダム・ハガダー（過ぎ越祭の式次第）』1712年版より

に過ぎない命も持たず、その中に息も無いではないか！　偶像は偶像を壊すことはできない。』と言いました。そこでアブラハムは言ったのです、「その通りです、お父さん。偶像は偶像を壊すことはできません。」

偶像は偶像を壊すことはできない。暴力は暴力を、金は金を、憎しみは憎しみを壊すことはできません。神だけがこの世界の偶像を壊すための力を持っています。そして神がそれを為すために選んだ方法が「いつくしみ」なのです。

註

（1）Cfr. Walter Kasper, *Papst Franziskus - Revolution der Zärtlichkeit und der Liebe: Theologische Wurzeln und pastorale Perspektiven*, Katholisches Bibelwerk, 2015. 第5条。ヴァルター・カスパー枢機卿は、ドイツ出身の著名な神学者で、ローマ教皇庁のキリスト教一致推進評議会の議長、ユダヤ人との宗教関係の和解にも努めている。

（2）2013.8, La Civiltà Cattolica.

（3）教皇フランシスコ、いつくしみの特別聖年公布の大勅書『イエス・キリスト、父のいつくしみのみ顔』10。

（4）教皇ヨハネ・パウロ二世の回勅『いつくしみ深い神』においても、「過剰」という言葉が用いられている。第5章「復活秘義」の「7 十字架と復活に現れたいつくしみ」参照。「このあがないは、全きものの絶対の充満である神の神性の究極、決定的啓示であって、正義と愛の充満、なぜなら正義は愛が土台となって、そこから流れ出、そこへと向かうものだからです。キリストの受難と死のうちに、御父が御子すらも「わたしたちのために罪となさいました」という事実のうちに、絶対の正義が表現されています。というのは、キリストが受難と十字架に服するのは人類の罪のためだからです。これは「過剰」の正義とすらなっています。なぜなら、人であって神であるおかたのいけにえによって人間の罪の「弁済」がなされているからです。にもかかわらずこの正義は、本来「神の尺度」による正義であって、まったく愛から発するものです。御父の愛と御子の愛とからであって、まったく愛のうちに実を結びます。このためにキリストの十字架に表された神的尺度は、「神の尺度」によるものです。それは愛に発して愛のうちに全うされ、救いの実りを生じます。あがないの神的広がりは、正義が罪を押しのけるように働くことによるだけでなく、愛がもう一度人間の中で創造的に働くようにして、神から来るいのちの充満と聖性に達することができるようにすることです。このようにしてあがないは、満ち満ちたいつくしみの啓示を含むものとなります。」〔澤田和夫神父訳、カトリック中央協議会、五〇―五一頁。『いつくしみ深い神』は、『人間のあがない主』に続く教皇ヨハネ・パウロ二世の二つ目の回勅、一九八〇年公布。」

(5)「わたしの心からの願いは、この大聖年の間にキリスト者が、身体的な慈善のわざと精神的な慈善のわざについてじっくりと考えてくださることです。それは、貧困という悲劇を前にして眠ったままであることの多いわたしたちの意識を目覚めさせ、貧しい人が神のいつくしみの優先対象であるという福音の核心を、よりいっそう深く理解するための一つの方法となることでしょう。イエスの教えは、わたしたちがその弟子として生きているか否かを理解するための、慈善のわざの数々を示しています。身体的な慈善のわざをあらためて見てみましょう。飢えている人に食べさせること、渇いている人に飲み物を与えること、着る物をもたない人に衣服を与えること、宿のない人に宿を提供すること、病者を訪問すること、受刑者を訪問すること、死者を埋葬すること――、これです。さらに、精神的な慈善のわざも忘れてはなりません。疑いを抱いている人に助言すること、無知な人を教えること、罪人を戒めること、悲嘆に打ちひしがれている人を慰めること、もろもろの侮辱をゆるすこと、煩わしい人を辛抱強く耐え忍ぶこと、生者と死者のために神に祈ること――、これです。」――教皇フランシスコ、いつくしみの特別聖年公布の大勅書『イエス・キリスト、父のいつくしみのみ顔』15。

(6) 教皇フランシスコ『使徒的勧告　福音の喜び』日本カトリック新福音化委員会訳、カトリック中央協議会、二〇一四年、一一九頁。

(7) H・S・クシュナー『なぜ私だけが苦しむのか―現代のヨブ記』斎藤武訳、岩波書店、一九九八年、三八頁。

(8) 教皇フランシスコ『使徒的勧告　福音の喜び』4章3（一三一頁）。

(9)『イエス・キリスト、父のいつくしみのみ顔』8。〔教皇フランシスコが、まだ一七歳のホルヘ・マリオ・ベルゴリオ青年であった時、聖マタイの祝日（九月二一日）に――ミサ典礼で「聖マタイの召命」の福音が朗読され、読書課で聖ベーダ・ヴェネラビリス司祭の説教が読まれる（下記参照）――神のあわれみにふれ、ゆるしの秘跡を受け、ロヨラの聖イグナチオの足跡を辿るように召し出しを受けたという。この句を、大司教の時すでに紋章に印していたが、教皇に選出後も引き続き、教皇の紋章の下部に銘として刻むこととした。二〇一三年三月二二日、バチカン・ニュースより。」

（10） Homilia 21: Corpus Christianorum Series Latina 122, 149-151. 聖ベダ・ヴェネラビリス司祭はベネディクト会士、教会博士。以下に、聖マタイの祝日の読書課で読まれる彼の説教から引用。

「イエスはマタイという人が収税所に座っているのを見かけて、『私に従いなさい』と言われた」のです。イエスは肉眼でというよりも、あわれみの心の目で彼をご覧になったのです。徴税人を見ましたが、その人をあわれみ、選ぼうとしてご覧になったので、「私に従いなさい」と言われたのです。「従う」とは「ならう」という意味です。足で歩いてイエスに従うよりも、正しい生活を送ることによって従う事です。キリストの「内にいつもいると言う人は、イエスが歩まれたように自らも歩まなければなりません。」「マタイは「立ち上がってイエスに従った」のです。この徴税人が主の初めての招きにこたえて、自分が管理していた現世的な金銭との関係を断ち、富を求める事をやめて、財産を何も持たないことが明らかなイエスに従ったことは不思議ではありません。事実、言葉によって外からマタイを招かれた主は、彼の心の奥深くに霊的恵みの光を注ぎ、目に見えない方法でその心にふれられたのです。この光は、現世的な宝を離れるように招かれたキリストが、天において朽ちない宝を与えることができるとマタイに悟らせました。」『「イエスがマタイの家で食事しておられたときのことである。徴税人や罪人も大勢やって来て、イエスや弟子達と同席していた。』一人の徴税人の回心は、多くの徴税人や罪人にとって、悔い改めとゆるしの模範となりました。」

(11)『イエス・キリスト、父のいつくしみのみ顔』15。

「肝苦《ちむぐ》りさ」の心

――神のいつくしみと私たちの回心――

竹田文彦

序

教皇フランシスコは、二〇一五年一二月八日から二〇一六年一一月二〇日を「いつくしみの特別聖年」と定められ、私たちに「神の慈しみ」について黙想し、他者に対する憐れみとゆるしの心を深めるよう呼びかけられました。本稿では、そのことを踏まえて、主に新約聖書における「慈しみ」概念について改めて検討してみるとともに、私たち自身が、他者に対して慈しみの心を向けるための大前提としての「回心」についても考えてみたいと思います。

第一章　「慈しみ」、「憐れみ」の意味

新共同訳の新約聖書において「慈しみ」は、名詞の形では八回、「慈しむ」という動詞の形では四回、「慈しみ深い」という形容詞としては一回、出てきます。また、「慈しみ」とよく似た意味で用いられている「憐れみ」は、名詞では四〇回、「憐れむ」という動詞としては三二回、形容詞「憐れみ深い」は五回、さらに「憐れに思う」、「可愛そうに思う」という言葉も六回使われています。(1)これらの訳語のもとになったギリシア語は、χρηστότης（「善」、「親切」、「仁慈」）、ἔλεος（「同情」、「慈悲」）、οἰκτίρμος（「同情」、「慈悲」）など、様々ですが、それらのうち最も「神の慈しみ」の特徴を表していると思われるのは、一七回出てくるσπλάγχνονとその動詞形σπλαγχνίζομαιの派生語です（うち二回は、ευσπλάγχνον）。そこで、この特徴ある言葉に着目し、「神の慈しみ」の本質に

ついて考えてみたいと思います。

σπλάγχνον は、もともと心臓、肺、肝臓、腸のような人間の重要な内臓器官を示す言葉で、ギリシア人は、この部分に怒りや不安、恐怖、さらに愛情といった感情の座があると考えていました。たとえば、有名なギリシアの悲劇作家エウリピデスの『アルケスティス』の中でヘラクレスは、「アドメトスよ、友人に対しては無遠慮に語って σπλάγχνα の中に（いわば、胸の中に）つぶやきを語らずに残しておくべきではない。」（一〇〇八－一〇一〇）と述べていますし、アイスキュロスの『供養する女たち』でも、合唱隊はエレクトラの嘆きを聞いた後、「わたしの σπλάγχνα は、あなたの言葉によって闇の中に放り出されました。」（四一三）と歌っています。このような古典期からの考え方に基づいて後期ギリシア語の時代に σπλαγχνίζομαι / σπλαγχνιζεσθαι という動詞が作られ、「同情して心を動かされること」、しかも単に普通の憐れみや同情などではなく、人間をその存在の根底、深みにおいて突き動かすような強い同情を表すギリシア語となりました。新共同訳聖書では、この σπλαγχνίζομαι を「慈しむ」、「憐れむ」、「可愛そうに思う」などと翻訳していますが、これらの訳語は、言語の意味を十分に伝え切れていないように思われます。日本語で「慈しむ」、あるいは、「憐れむ」というと、どこか力ある者、上位に立つ者が、苦悩のうちにある弱者、あるいは、下位の者に対して上から目線で「可愛そうに」とだけ言っているように感じてしまうからです。

もちろん、神が人間を「慈しまれる」、「憐れまれる」という場合には、力ある神が、弱い人間に対して心を向け愛情を注いで下さるのですから、立場から見れば、「慈しむ」、「憐れむ」でも構わないのかも知れません。しかしながら、後で具体的に聖書の箇所を見たいと思うのですが、神が慈しまれる時、憐れまれる時、神は、人間の置かれている苦しみや悲しみの状況を、他人事としてでは無く、まさに神ご自身のはらわたが引きちぎられるかのような痛みをもって受け止めて下さいます。日本語には、怒りの感情を表すのに「腑が煮えくり返る」と言ったり、驚いたり、危険な目に遭った時に「肝を冷やす」と表現したりするなど、「腑」や「肝」を使った表現がありますが、強い憐れみや、慈しみ、共感、同情を表す言葉は思い付きません。しかし、あまり聞き慣れない方もいらっしゃるかと思いますが、沖縄の方言に「肝苦《ちむぐ》りさ」という言葉があります。この「肝苦《ちむぐ》りさ」こそ、神の憐れみや慈しみの心を表現するのに相応しいと思われます。

「肝苦《ちむぐ》りさ」とは、まさに「肝《ちむ》」＝「はらわた、内臓」が「苦しい」と書きます。ご存じのように沖縄は、太平洋戦争当時、戦火に包まれ、多くの方が命を落とされました。追いつめられて集団自決を強いられたり、暗いガマ（自然洞窟のこと。沖縄戦では野戦病院などに用いられた。）の中で暑さとひもじさにむずがり、泣き出す子どもを自分の手で殺さねばならなかった親たち。有名なひめゆり学徒隊など、多くの方の尊い命が失われました。そういう状況の中で何とか生き残った人々は、生き延びることができた喜びよりも、自分だけが生き残ってしまったことへの自責の念や、身の置きどころのない気持ちを「肝苦《ちむぐ》りさ」という言葉で表現しました。「他者が苦しみ、痛み、死んでいく様を平然と見過ごすことができない、自分のことのように痛みにおそわれ、自分に責めを感じ、いても立ってもいられない、しかし自分の力ではどうすることもできないもどかしさ、申し訳なさ。」作家の灰谷健次郎は、小説『太陽の子』（てだのふあ）の中で、神戸の琉球料理店「てだのふあ・おきなわ亭」を舞台に店を営む沖縄出身の両親とその十一歳の娘ふうちゃん、そして、そこに集う人々の優しさ、明るさを描くとともに、その底抜けな「優しさ」、「明るさ」の根底に「肝苦《ちむぐ》りさ」の心があり、私たちの「生」の根源的な意味は、

「肝苦《ちむぐ》りさ」の心をもって、日々の「生《いのち》」を成り立たせている多くの人々の死を意識した時にこそ、真に理解出来るものであると描いています。(2) 最近では、若松英輔が東日本大震災の犠牲者を念頭に『魂にふれる――大震災と生きている死者』等の著書で描き出そうとしているのも、おそらく同様な死者の上に成り立つ「生《いのち》」の意味なのでしょう。(3) このような他者の生と死、いのちに関わるような苦しみや悲しみに、強く心を動かされることこそが、ギリシア語 σπραγχνίζομαι が意味している「慈しみ、憐れみ」の特質であると思われます。

第二章　「神のいつくしみの顔」であるキリスト

それでは、新約聖書で使われている σπραγχνίζομαι について、聖書の記述に沿って具体的に検討してみましょう。その多くが福音書の中で使われ、『特別聖年の大勅書』において「父なる神のいつくしみの御顔」と表現されているイエスに対して用いられています。

マタイによる福音書　第九章36節　ἐσπλαγχνίσθη
「また、群衆が飼い主のいない羊のように弱り果て、打ちひしがれているのを見て、深く憐れまれた。」

マタイによる福音書　第一四章14節　ἐσπλαγχνίσθη
「イエスは舟から上がり、大勢の群衆を見て深く憐れみ、その中の病人をいやされた。」

マルコによる福音書　第六章34節　ἐσπλαγχνίσθη
「イエスは舟から上がり、大勢の群衆を見て、飼い主のいない羊のような有様を深く憐れみ、いろいろと教え始められた。」

イエスは、飼い主のいない羊のように「弱り果て、打ちひしがれている」群衆に「肝苦《ちむぐ》りさ」しました。導き手がいないままに放置されている群衆の姿に心から同情されたのでした。

マタイによる福音書　第一五章32節　σπλαγχνίζομαι

「イエスは弟子たちを呼び寄せて言われた。「群衆がかわいそうだ。もう三日もわたしと一緒にいるのに、食べ物がない。空腹のままで解散させたくはない。途中で疲れきってしまうかもしれない。」

マルコによる福音書　第八章2節　σπλαγχνίζομαι

「群衆がかわいそうだ。もう三日もわたしと一緒にいるのに、食べ物がない。」

人里離れたところまで退かれたイエスの後を歩いて追ってきた大群衆に食べ物がなく、彼らが空腹であることに「肝苦《ちむぐ》りさ」しています。憐れまれただけではなく、その空腹を給食の奇跡によって癒やされています。また盲人や重い皮膚病患者の辛さに、「肝苦《ちむぐ》りさ」しています。

マタイによる福音書　第二〇章34節　σπλαγχνισθεὶς
「イエスが深く憐れんで、その目に触れられると、盲人たちはすぐ見えるようになり、イエスに従った。」

マルコによる福音書　第一章41節　σπλαγχνισθεὶς
「イエスが深く憐れんで、手を差し伸べてその人に触れ、「よろしい。清くなれ」と言われると、……」

さらに、イエスは、悪霊に憑かれた子どもの父親の悲痛な憐れみの願いに応えて悪霊を追い出しました。また息子に先立たれた母親の悲しみに深く同情しています。

マルコによる福音書　第九章22節　σπλαγχνισθεὶς
「霊は息子を殺そうとして、もう何度も火の中や水の中に投げ込みました。おできになるなら、わたしどもを憐れんでお助けください。」

ルカによる福音書　第七章13節　ἐσπλαγχνίσθη

「主はこの母親を見て、憐れに思い、「もう泣かなくともよい」と言われた。」

また、たとえ話の中ではありますが、借金に苦しむ家来に「肝苦《ちむぐ》りさ」した主君（「仲間を赦さない家来」のたとえ）や、旅の途中、追いはぎに襲われて道端に倒れていた人に「肝苦《ちむぐ》りさ」したサマリア人（「善きサマリア人」のたとえ）、放蕩の限りを尽くし、財産を使い果たして帰って来た息子に「肝苦《ちむぐ》りさ」して温かく迎えた父親（「放蕩息子」のたとえ）について言及しています。これらは、全て神の、そして主の憐れみの深さを表現したものと言えるでしょう。

マタイによる福音書　第一八章27節　Σπλαγξνισθεὶς

「その家来の主君は憐れに思って、彼を赦し、その借金を帳消しにしてやった。」

ルカによる福音書　第一〇章33節　ἐσπλαγχνίσθη

「ところが、旅をしていたあるサマリア人は、そばに来ると、その人を見て憐れに思い、」

ルカによる福音書　第一五章20節　ἐσπλαγχνίσθη

「そして、彼はそこをたち、父親のもとに行った。ところが、まだ遠く離れていたのに、父親は息子を見つけて、憐れに思い、走り寄って首を抱き、接吻した。」

さらに、ヤコブの手紙においては、主はその本質において「憐れみ深いお方」であることを以下のようにはっきりと述べています。

ヤコブの手紙　第五章11節　σπλαγξνός

「忍耐した人たちは幸せだと、わたしたちは思います。あなたがたは、ヨブの忍耐について聞き、主が最後にどのようにしてくださったかを知っています。主は慈しみ深く、憐れみに満ちた（οἰκτίρμων）方だからです。」

これら全てのイエスの「肝苦《ちむぐ》りさ」に共通している特徴は、まず第一に「肝苦《ちむぐ》りさ」の対象である相手に対して、何の条件も問わない点にあります。相手がどんな人でも構わないし、自分にとって知り合いであろうが、なかろうが関係ありません。また相手の苦しみや困窮が、多分に本人の愚かさや過ちに起因しているように見える場合でもそのようなことは一切、問題とはされていません。イエスの「肝苦《ちむぐ》りさ」は、ゆるしを前提としており、ただ無条件に慈しまれるのです。これは、当時の社会において、いや今日でも同様ですが、苦しみや困窮の原因が多分に本人に由来するような場合、人々はその人のことを可愛そうに思って同情したり、慈しんだりはしません。自業自得、自己責任といった冷たい反応が返ってきます。病を癒やした話や悪魔払いは、その顕著な例だと思われます。良く指摘されているようにイエスの時代、病は偶然ではなく、その人自身、あるいは、その人の祖先が神に対して犯した重大な罪に対する報いと考えられていました。したがって、いわば、その人自身に対する罰であるので、憐れんだり、因果応報、可愛そうに思ったりはしませんでした。また、たとえ話の中の「借金を帳消しにしてもらった家来」や「放蕩息子」も、もとを正せば、借金を作ったことも、放蕩して財産を無駄遣いしてしまったことも本人の責任です。しかし、イエスは、自分が悪いと言って突き放したりはしませんでした。無条件に「肝苦《ちむぐ》りさ」したのです。

第二に、イエスの「肝苦りさ」は、相手の苦しみや悲しみをまさに自分のこととして受け止めるゆえに、単に心が動かされたに留まらず、相手に近づき、触れ、放っておきはせずに関わりをもって、癒やすことになります。「肝苦《ちむぐ》りさ」した結果、イエスは、群衆を教え、空腹のまま帰らせたくはないとしてパンを増やして食べさせました。病人を癒やし、盲人を見えるようにし、重い皮膚病患者を清くし、悪霊を追い出しもしました。ナインの寡婦の息子の葬列に出会った時には、その息子の棺に近づいて手を触れ、息子を蘇らせています。たとえ話に出てくる主君も家来の借金を帳消しにし、良きサマリア人は、倒れていた人を介抱して宿屋にまで送り届けているし、「放蕩息子」のたとえでは、父親は、帰って来た息子を温かく迎え、一番良い服を着せ、手に指輪をはめ、足には履物を履かせてやり、「この息子は、死んでいたのに行き返り、いなくなっていたのに見つかった」と言って祝宴まで開いています。

このようなイエスの「肝苦《ちむぐ》りさ」は、神の行為としては非常に特異なものと言わざるを得ません。ギリシア人は、本来、神は、人間に対する同情などで心動かされるような存在だとは考えませんでした。むしろ、ストア派の哲学などにおいては神の本質は、ἀπάθεια（「無関心」）であって、神は、人間の世界とは本質的に一切関わりをもたないと考えられていました。しかしながらイエスは、個々の人間のおかれている状況の中に進んで入り込み、その痛みを自分自身のことのように受け止め、癒やされます。ギリシア教父の一人、アレクサンドリアのクレメンスは、「神は、豊かに憐れみたもう。」（『ストロマティス』二・七四・四、七・三七・六）と述べていますが、「神の慈しみ」は、受肉して人となられ、人とともに生き、人のために感じることを選ばれたイエス・キリストの「肝苦《ちむぐ》りさ」の中に具体的に表現されていると言えましょう。

第三章　他者へ慈しみの心を向けるために

さて、「神のいつくしみの顔」であるキリストの姿を通して新約聖書に表された「神のいつくしみ」の特質について「肝苦《ちむぐ》りさ」というキーワードを用いながら検討してみました。それでは、次に私たち自身がキリストに倣って他者に慈しみの心を向けるためにどのようにしたら良いのかを考えてみたいと思います。

まず、新約聖書において、神やイエスの「慈しみ」ではなく、私たち自身の他者に対する「慈しみ」、あるいは、「憐れみ」の意味で σπλαγχνίζομαι あるいは、その派生語が用いられているのは、次の四つの箇所です。

エフェソの信徒への手紙　第四章32節　εὔσπλαγχνοι

「互いに親切にし、憐れみの心で接し、神がキリストによってあなたがたを赦してくださったように、赦し合いなさい。」

フィリピの信徒への手紙　第二章1節　σπλάγχνα
「そこで、あなたがたに幾らかでも、キリストによる励まし、愛の慰め、〝霊〟による交わり、それに慈しみや憐れみの心（οἰκτιρμοί）があるなら、」

コロサイの信徒への手紙　第三章12節　σπλάγχνα
「あなたがたは神に選ばれ、聖なる者とされ、愛されているのですから、憐れみの心、慈愛、謙遜、柔和、寛容を身に着けなさい。」

ペトロの第一の手紙　第三章8節　εὔσπλαγχνοι
「終わりに、皆心を一つに、同情し合い、兄弟を愛し、憐れみ深く、謙虚になりなさい。」

これらの四つの箇所では、私たちもイエスに倣って他者に慈しみ深くあることが求められているのですが、特徴的であると思われるのは、どの箇所においても、その理由として、すでに私たちは神からの「慈しみ」を受けていることが強調されている点です。「エフェソの信徒への手紙」では、「神がキリストによってあなたがたを赦してくださったように」と、私たちがすでに神によってキリストを通して憐れみを受け赦されていることが示唆されています。「フィリピの信徒への手紙」では、「キリストによる励まし、愛の慰め、〝霊〟による交わり」に加えて、もし「慈しみや憐れみの心」があるならと述べられて、キリストによる愛や慈しみが先ず私たちに与えられ、それに加えて、いや、それゆえにこそ、「慈しみや憐れみの心」が求められています。「コロサイの信徒への手紙」でも「神に選ばれ、聖なる者とされ、愛されている」のだから、「憐れみの心、慈愛」などを身に付けるように諭されています。また、「ペトロの第一の手紙」でも少し後ろの9節で「祝福を受け継ぐためにあなたがたは召されたのです。」と述べられて、すでに私たちが神からの慈しみと祝福を受けていることが前提とされています。

このように見てくると、私たちが神と同じように、他者の苦しみや悲しみに心から同情し、「慈しみ」や「憐れみ」の心を向けるためには、すでに私たちは神からの深い「慈しみ」を受けたことを深く認識することが肝要なことになります。昨年二〇一六年は、「神のいつくしみの特別聖年」であっただけではなく、フランシスコ教皇がその名前を取られたアシジの聖フランシスコが、当時の教皇ホノリオ三世から「ポルチウンクラの免償」を認められてから八〇〇年の記念の年に当たっていました。信者の皆さんの中には、昨年の「特別聖年」、巡礼指定聖堂を訪問されて、免償を受けられた方も多くいらっしゃるのではないかと思いますが、この指定された聖堂を訪れ、免償を願うということの始まりは、まさに「ポルチウンクラの免償」でした。歴史的根拠については不確かな部分もありますが(4)、今からちょうど八〇〇年前、一二一六年、アシジの聖フランシスコは、当時の教皇ホノリオ三世に尋常ならざる願いをしました。中世の時代、免償といえば、身の危険を顧みずに十字軍に参加したか、あるいは、お金もかかり危険も伴う聖地巡礼を果たした、ごく一部の限られた人に特別に与えられるものでした。しかも免償を受けるためには多額の献金をすることも要求されました。フランシスコは、この免償の恵みをイタリアのアシジ、ポルチウンクラの聖マリア聖堂に詣でるすべての人に、何らの献金も求めずに与えて下さるように願い、教皇は、この願いを一年のうちの八月二日に限って認めたのでした。（今日でも、八月二日には世界中から多くの巡礼がアシジのポルチウンクラの聖マリア聖堂を目指し、免償を受けるために何度も教会を出たり入ったりする光景を見ることが出来ます。）

「免償」というと「償い」を免除されるという結果のみが注目されてしまう傾向がありますが、免償を得るためには、私たちは、まず「私たちの弱さに対して忍耐をもって応えて下さる」神の慈しみに気付くこと、つまり、回心が求められます。しかも免償は、自分のためだけになされるものではなく、死者をも含む他者の救いのためにもなされねばなりません。先の教皇ベネディクト一六世は、教皇に選ばれる前の一九九六年に行った「ポルチウンクラの免償」についての説教の中で、「私たちは、単に自分の魂の救いを心から願うだけではなく、他者の救いを心から願わねばなりません。それゆえ免償は、自分自身の救いを越えて、この世で他者の救いを実現するための務め、招きへと変わります。わたしたちは、『私は救われているだろうか』と問うのではなく、『他者が救われるために、神は私に何を望んでおられるのだろうか』と問わねばなりません。」と述べておられます。(5)

したがって、キリストに倣って他者に慈しみの心を向けるための方法、それは、私たち自身の深い回心と他者への眼差しに他なりません。それがあってこそ、私たちは、イエスのように無条件に相手を受け入れることが出来るのです。アシジの聖フランシスコは、『遺言』の中で彼の悔い改めの生活（修道生活）の始まりについて書いています。「主は、私、兄弟フランシスコに、償いの生活を次のように始めさせて下さいました。私がまだ罪の中にいた頃、ハンセン病者を見ることは、あまりにも辛く思われました。それで、主は自ら私を彼らの中に導いて下さいました。そこで、私は、彼らを憐れみました。そして、彼らのもとを去った時、以前に辛く思われていたことが、私にとって魂と体の甘味に変えられました。こうして私は、その後しばらくとどまって、世俗を出ました。[6]」つまり、ハンセン病者との出会い、そして、彼がそのハンセン病者を心から憐れんだこと、それが、まさにフランシスコにとっての悔い改めの生活の始めとなったというのです。もちろん、フランシスコは、ハンセン病者のところに自分から進んで会いに行ったというわけではありません。「主は自ら私を彼らの中に導いて下さいました。」と言っているように、道を歩いていて、ふと気が付いてみたら目の前にハンセン病者が立っていたという感じだったのでしょう。フランシスコの伝記作者の一人、チェラノのトマスによれば、フランシスコは、ハンセン病者を見ると「少なからぬ恐怖と嫌悪を感じた」が、自我を抑えてその人に近付き抱きしめ、その傷口に接吻したと言われています。ハンセン病者にたいする恐怖と嫌悪よりもハンセン病者に対する「肝苦《ちむ》りさ《ぐ》」が上回った瞬間でした。なぜフランシスコは、以前にはあれほど嫌っていたハンセン病者に「肝苦《ちむ》りさ《ぐ》」出来たのでしょうか？　おそらくそれは、フランシスコ自身の人間性もあるかも知れませんが、彼が戦争や病気の体験を通して、生の深い次元での回心をすでに体験していたからだと思います。

結び

以上、新約聖書における「神のいつくしみ」の概念とキリストに倣って他者に慈しみの心を向けるための方法について考えてみました。今回の聖書講座のテーマは、「慈しみとまこと－いのちに向かう主の小道」となっていますが、私たちが聖書に関する理解をさらに深め、苦しみや悲しみの只中にある人々に対して「憐れみの心」をもって近づき、関わることを通して、この小道を確実に歩んでいけるように願っています。そうでなければ、道端に倒れていた人を見ても見て見ぬ振りをして道の向こう側を通っていった祭司やレビ人、また帰って来た弟をゆるすことも受け入れることも出来なかった放蕩息子の兄のようになってしまいますから。

註

本稿は、二〇一六年一一月一九日、「いつくしみの特別聖年」の締め括りとして、上智大学キリスト教文化研究所主催により「慈しみとまこと－いのちに向かう主の小道」というテーマのもと開催された二〇一六年度聖書講座において他のお二人の先生とともに講演させて頂いた内容に加筆修正をさせて頂いたものです。

（1）ウィリアム・バークレー『新約聖書のギリシア語』滝沢洋一訳、日本基督教団出版局、二〇一〇年、参照。

（2）灰谷健次郎『太陽の子』角川文庫、一九九八年。

（3）若松英輔『魂にふれる――大震災と生きている死者』トランスビュー、二〇一二年。

（4）Cf. Paul Sabatier(ed.), *Fratris Bartholi de Assisio Tractatus de Indulgentia S.Mariae de Portiuncula*, (Paris, 1900). Noel Muscat, *In Defense of the Portiuncula Indulgence. The Tractatus de Indulgent Portiunculae by Francis Bartholde of Assisi, and other medieval documents regarding the Indulgence*, (Malta, 2012).

（5）Joseph Ratzinger (Benedetto XVI), *Il Perdono di Assisi*, Liberia Editrice Vaticana (2005), Edizioni Porziuncola (2014), pp. 15-39.

（6）『アシジの聖フランシスコの小品集』庄司篤訳、聖母文庫、聖母の騎士社、一九八八年、二八七頁。

二〇一六年度　聖書講座　シンポジウム

慈しみとまこと ―いのちに向かう主の小道―

日　時　二〇一六年一一月一九日（土）
提題者　月本　昭男（上智大学教授）
　　　　ホアン・アイダル（上智大学教授）
　　　　竹田　文彦（清泉女子大学教授）
　　　　田中　　裕（上智大学教授）
司　会　竹内　修一（上智大学教授）

慈しみとまこと

竹内　これからシンポジウムを行いたいと思います。提題してくださった三人の先生方に加えまして、哲学科の田中先生にもご参加していただきたいと思います。それでは、まず、アイダル先生の方から、月本先生にご質問があるようですので、お願いします。

アイダル　私は、大学で、ユダヤ教思想について教えています。ユダヤ教の特徴の一つは、まず倫理について考え、その後で真理について語ります。ギリシャ哲学の場合は、これとは反対で、だいたい真理から始まります。例えば、「これは何ですか」といった具合です。先ほど、月本先生は、聖書においては、「神は憐れみ深く、真実な方」と語られる、とおっしゃいました。憐みが先にきて、その後に真理が続きます。先生は、話の最後の方で、そのことについて少し触れられましたが、「慈しみ」と「まこと」の関係について、もう少し説明していただけませんでしょうか。

月本　はい。先ほど、私は、「慈しみ」あるいは「慈愛」と訳される「ヘセド」と、「まこと」あるいは「真実」と訳される「エメト／エムナー」というヘブライ語を紹介しました。また、それらが、「そして」あるいは「と」という言葉によって結び付けられる用例が旧約聖書には非常に多い、ということについてもご紹介しました。その際、「慈しみ」が先に来て、その後に「まこと」が続きます。ギリシャ語でしたら、「エレオス」と「アレーテイア」もしくは「ピスティス」です。

なぜ、このような順序になったのか、それは音の感じもあると思うのですが、おそらく、ヘブライ語では、「エメトとヘセド」と言うよりも、「ヘセドとエメト」と言った方が、言いやすいのかもしれません。

もう少し内容に踏み込んで言いますと、「ヘセド」と言う時には、一つのある「秩序」なり「関係」が前提となっています。「関係」とは、旧約聖書で言いますと、「契約」ということです。「契約」をしっかり守る、そういう態度が「慈しみ」と重なります。それは、「まこと」という言葉にも当てはまります。

先ほど、竹内先生が、「まこと」という言葉は、「誠」「真」「実」などと書くと仰られました。確かに、私が引用しましたホセア書の四章一節では、「エメト」を「誠実」と翻訳していました（新共同訳「この国には、誠実さも慈しみも／神を知ることもない」）。

エメトと誠実

月本　しかし、旧約聖書の場合、契約を前提としていますので、日本語の「誠実」とはちょっと違うような気がします。非常に卑近な例ですが、私は今年、結婚生活三十五年になりますが、もし今、別の素敵な女性が現れて、私の心がその女性に非常に動いたとします。私には、三〇数年連れ添った妻と子供たちがいます。そんな場合、ある友人から、「おい、月本。そういう時は、やっぱり誠実に対応しなければならない」と忠告されたとします。その時、私が誠実に対応すべきなのは、どちらでしょうか。

妻でしょうか、あるいはその女性でしょうか。今までの結婚生活を断念して、新しく芽生えた愛に生きることが誠実なのでしょうか。あるいは、妻や子供を大切にすることが誠実なのでしょうか。

実際、学生に聞いたわけではありませんが、こういった考えがあるのではないでしょうか。つまり、「先生、先生の気持ちに誠実になって、その女性と一緒になってください。少しくらい犠牲があってもいいのでないでしょうか。」つまり、その意味するところは、「今芽生えた愛に生きることの方が、誠実な生き方だ」と。日本には、こういう発想があり得ます。

しかし、旧約聖書において、そのようなことは絶対あり得ません。自分の心に誠実に、ということは、あり得ないのです。なぜなら、人間の心などというものは揺れ動くからです。誠実であるということは、意思的に決断することに基づきます。例えば、結婚などにおいて、自分の存在を相手に託すことなどです。それ以外には、あり得ません。これが、ヘブライ語の「誠実」あるいは「真実」の意味です。

ところが、日本語の「誠実」は、揺れ動く自分の心に正直に、というように理解しますが、ヘブライ語の「エメト」には、そのような意味はありません。ですから、そういうことを、「真実」とか「まこと」、あるいは「誠実」という言葉を使いましても、ヘブライ語の意味合いとはずいぶん違います。

その背後には、「エメト／エムナー」は、「ヘセド」もそうですが、神とイスラエルの民との「契約関係」があります。そういう一定の「秩序」が、前提となっています。ですから、この「ヘセド」と「エメト」は、ある共通項で括られる関係概念だ、と言っていいのではないかと思います。ヘブライ的・旧約聖書的な考え方です。

これは、揺れ動く自分の心に正直に生きることが誠実である、と考える日本的な考え方とはかなり違うと思います。また、このような考え方を、日本においても生かしていかなければいけないのではないか、とも思います。

アイダル　ありがとうございました、先生。

ヘブライ語における良心

竹内　一つ伺ってもよろしいでしょうか。日本語の「良心」は、ラテン語の*conscientia*（英語ならconscience）の翻訳ですが、どうもしっくりいかないことがあります。と言いますのは、日本語で「あなたは良心的だ」と言えば、それは、「あなたは信頼に値する」という意味になります。つまり「良心」そのものを良いものとして理解しています。（他の西欧の言葉も同様ですが）例えば、英語では、good conscience、bad conscienceと言いますが、それらを直訳すると、良い良心、悪い良心となって、日本語としてはおかしな表現になってしまいます。このような日本語の「良心」をヘブライ語の中に探した場合、どのような言葉が相当するでしょうか。「エメト」あたりでしょうか。

月本　旧約聖書には、残念なことに、「良心」という言葉はありません。ヘブライ語の中に、その語彙がないのです。しかし、新約聖書になりますと、何箇所も出てきます。例えば、ギリシャ語の *syneidēsis* ですが、その意味は、「共に」（*syn*）＋「知る」（*eidēsis*）ということです。これが日本語では「良心」と翻訳されます。確か、『孟子』に出てくる言葉から来ていると聞いています。

「良心」というのは、おそらく、単に自分の心の中のことではなくて、*con* や *syn* という接頭辞からも分かりますように、常に関係概念だと思います。そのことは、また、「ヘセド」や「エメト」と重なるところでもあります。神が人間を造られた時、「人が独りでいるのは良くない」（創世記二18）と語られますが、やはり人間は、他者と協働して生きていくことに基礎があると思います。ですから、先生が仰るように、それをベースにした「ヘセド」や「エメト」が、おそらく、旧約聖書的における「良心」なのかな、と思います。

竹内　ありがとうございます。時々、自分の「良心」に従うということを、自分の勝手な思いに従うことと同一視している人がいますが、やはり、そうではないのですね。アイダル先生と月本先生の発表には、とても重なるところといいますか、近いところがあったかと思います。そのあたりについて、田中先生、何かございませんでしょうか。

憐れみながら、そして、選びながら

田中　今日は、このように前に出ることは全く予想していませんでしたが、お二人のご発表から大変示唆を受けましたので、それだけを申し上げたいと思います。まず、アイダル先生は、教皇フランシスコの〝*miserando atque eligendo*〟というモットーの言葉を、「ゆるしながら愛する」と訳されましたが、これはなかなか日本語には訳しにくいし、おそらく、英語でもそうだろうと思います。

miserando は〔*miseror* の〕動名詞、*eligendo* は〔*eligo* の〕動名詞であり、しかも共に名詞としては奪格ですから、「ゆるしながら、そして、愛しながら」が直訳になるかと思います。*eligendo* は、愛するというよりも、「選びながら」となるかと思

います。もともとは、聖ベーダ・ヴェネラビリス（六七二／六七三〜七三五）による、徴税人マタイの召命の場面に関する解説に基づいているようです。「イエスは徴税人〔マタイ〕を見つめ、『憐れみ〔赦しながら〕、そして〔使徒として〕選ばれ』、わたしについてきなさいと言った」（マタイ九9参照）。つまり、皆が罪人だと思っている人物を、イエスは、あえて赦し使徒として選ばれた、ということが背景にあるかと思います。

私の解釈では、アイダル先生は、おそらくその全体を「アガペー」として理解されたのではないか、と思います。自分は罪人であるにもかかわらず、イエスは、そんな自分を赦し、愛し、そして選ばれた。それが、愛された側の実感ではないかと思います。愛するということは、やはり、「お前は罪人だけど、一応赦してやろう。だけど、あまりここにはやって来るな」とか、「おとなしくしていろ」といったことではなくて、むしろ、積極的に使徒として選ぶことにある、と思います。神の「アガペー」を実感し、その「アガペー」を実践するようにと招かれます。

この「アガペー」は、非常に意思的なものですから、赦すということは、文字通り、〝はらわたがちぎれるような思い〟となります。このような愛は、情的なものではありますが、同時にまた、神からの非常に強い働きかけであり、積極的で主体的なものでもあると思います。そのことが、私の中では、月本先生のご発表と非常に重なりました。ヘブライ語にまで遡ることによって、新約聖書の言葉の意味は、よく分かります。（あぁ、そういうことだったのか）と実感しました。

まこと（エメト）から信仰（ピスティス）へ

田中　「アレーテイア」は、普通、「真理」と訳されます。「真理」というと、理性の「理」が入るので、非常に抽象的になりますし、科学における「真理」といった面が連想されます。しかし、「アレーテイア」を「エメト／エムナー」に基づいて訳しますと、「まこと」となります。「まこと」は、主体的あるいは主観的な面が強調されて、「信仰」という面につらなるかと思います。ギリシャ語なら「ピスティス」、ラテン語なら「フィーデス」です。客観的な面が強調されれば、ギリシャ語なら「アレーテイア」、ラテン語なら「ヴェリタス」となります。

しかし、ポイントは、この二つ（主観的な面と客観的な面）が切り離されず一つになっている点ではないか、と思います。ヘブライ語では、そのことが一語で表現されています。

信仰によって義とされる

田中　「信によって義とされる」という表現があります。大変難しいのですが、キリストを信ずるといった場合、普通は、主観的なキリストに対する信仰のみによって義とされる、と理解されます。しかしそれでは、その本意はまだ十分言い表されていない、と思います。つまり、信仰の大切さはよく分かるのですが、しかしそれは、イエス・キリストの「まこと」という客観的な事実と一つになった「信」でなければいけない、と思うのです。それもまた、ヘブライ語に遡ることによって初めて分かるのだと思います。

「信」を、ただ単に主観的な意味で理解すると、私などもそうなのですが、今日「信じます」と言っておきながら、明日になったらコロッと変わるかもしれない、といった不安が残ります。つまり、私自身のその時々の主観的な感情のレベルで、「信じる」とか「信じない」とか言っても、それは、極めてあやふやなものではないか、と思うのです。

それから、先ほど「契約」の話が出てきましたが、ユダヤ教徒において、「契約」を破るということは、やはり、非常に罪深いことであるし、自分の主観的な心情に誠実であるということは、決して真の意味での「まこと」とは言わない、と私も思います。「契約」は、実際破っていながらも、破っていないかのように見せかけることも多いのではないでしょうか。だから、やはり、それに対する自責の念が根底にあるのではないか、と思います。

このように、「まこと」は、まず、客観的な意味で理解されたうえで、主観的な

「信」に繋がるのではないでしょうか。つまり、「信頼に足る」とか「真実である」ということがあり、それに基づいて、主観的な信仰という行為がある、ということです。しかし、それは同時にまた、常に揺らぐものなので、「赦しつつ、かつ、選びつつ」、あるいは、「赦されつつ、かつ、選ばれつつ」となるのだと思います。

愛するということには、やはり「選び」があると思います。キリスト教ではありませんが、「阿弥陀様の本願は、親鸞一人のために立てられた」という古い浄土真宗の言葉があります。しかしこれは、何も、親鸞が恵みを独占しているという意味ではなく、全ての人がそのような形で一人ひとり選ばれているという意味だろう、と私は思います。ですから、その意味で、「愛しつつ」ということには、まず客観的な「まこと」が先行しなければなりません。

このようなことを踏まえて、お二人の話は、私の中で一つになります。要するに、教皇フランシスコの言葉（"*miserando atque eligendo*"）は、マタイが召し出された時の情景を表した言葉であって、それが「アガペー」にほかならないと思います。また、この言葉を受け容れて、私たちはどう実践するか、という問かけでもあると思います。非常に個人的なコメントではありますが、これが、私がお二人のご発表から学ばせていただいたことです。

竹内　ありがとうございます。お二人の先生、何かございますか。

赦しから派遣へ

アイダル　特にありませんが、確かに、イエスの愛はそういうものだと思います。たとえば、イエスは、誰かを赦すとき、同時にその人にミッションを与えています。赦しとミッションが、セットになっているのです。だから、「赦しながら、そして、選びながら」となるのだと思います。例えば、イエスは、復活した後ペトロと出会い、「わたしを愛しているか」と三回愛の確認した後、「わたしの羊を飼いなさい」と、彼にミッションを与えています（ヨハネ二一15―19参照）。赦しとは、その人を赦して復活させることだと思います。
私が司祭に叙階された時、今の教皇からカードを貰ったのですが、それは、マタイの召命を描いたカラヴァッジョ（Michelangelo Merisi da Caravaggio, 一五七一～一六一〇）の絵でした。面白いのは、マタイは、たくさんのお金の置かれたテーブルに座っています。罪の真ん中にいます。やはり、「赦し」と「選び」は、セットだと思います。人を赦すということは、「はい、分かりました。二度と私の近くに来ないでください」といったものではありません。赦しながら、もう一度その人を生かすことです。

竹内　「赦し」と「愛」は、ある意味で、互換性がありますね。ちょっとご紹介したい聖書の箇所があります。それは、コロサイの信徒への手紙の一節ですが、こう書かれています。「あなたがたは神に選ばれ、聖なる者とされ、愛されているのですから、憐れみの心、慈愛、謙遜、柔和、寛容を身に着けなさい。互いに忍び合い、責めるべきことがあっても、赦し合いなさい。主があなたがたを赦してくださったように、あなたがたも同じようにしなさい。これらすべてに加えて、愛を身に着けなさい。愛は、すべてを完成させるきずなです」（コロサイ三12―14）。

この箇所は、竹田先生のレジュメの「憐みの心」でも引用されていました。「互いに忍び合い、責めるべきことがあっても、赦し合いなさい」と語られます。「責めるべきことがあっても」と語られますが、無ければ、当り前です。なぜ、そういうことが言えるかと言えば、それは、主がそれ以前に、あなたがたを赦してくださったという前提があるからです。続けて読んでいきますと、「赦す」という言葉がスッと消えて、「愛」という言葉にスイッチします。ですから、この箇所では、「赦し」と「愛」は、ほとんど同じ意味で使われている、と解釈していいのではないかと思います。ついでに言えば、この箇所は、個人的に好きな箇所でもありますが、カトリック教会が、結婚式で勧めている朗読箇所の一つです。

それから、もう一箇所、ご紹介したいと思います。それは、ヨハネの福音書の冒頭のところです。「初めに言があった。言は神と共にあった。言は神であった。この言は、初めに神と共にあった。万物は言によって成った。成ったもので、言によらずに成ったものは何一つなかった。言の内に命があった。命は人間を照らす光であった。光は暗闇の中で輝いている。暗闇は光を理解しなかった」（ヨハネ一 1―5）。

ここで語られる「言」（ロゴス）は、イエスと考えていいだろうと思います。人々は、光を理解しなかった。だから、彼らはイエスを殺したわけです。それから、十四節ではこう語られます。「言は肉となって、わたしたちの間に宿られた。わたしたちはその栄光を見た。それは父の独り子としての栄光であって、恵みと真理とに満ちていた。」新共同訳では、「アレーテイア」を「真理」と翻訳していますが、ある翻訳によれば、「まこと」となっています。個人的には、好きな訳です。

このように読むと、月本先生が話されたことと繋がってくるのではないかな、と思います。先ほど、先生は、竹田先生の発表の中の「肝苦《ちむぐ》りさ」のところにすごく感じるものがあった、と仰っていましたが、そのあたりで何かございませんか。

憐みと肝苦りさ

月本　「肝苦りさ」という言葉を伺いまして、本当にいい言葉だな、と思いました。「肝」が「苦り走ってしまう」ということでしょうか。あの沖縄戦では、約二十万人もの戦没者が出たと言われます。竹田先生は、生き残った方々は、自分たちが生きているのは申し訳ない、つまり、「肝苦りさ」を非常に強く覚えながら生きている、とお話してくださいました。

私が、最初に沖縄を訪れたのは、二十五年くらい前になるかと思います。ちょうど平和の礎《いしじ》が出来た頃（一九九五年）でした。そこには、二十万人もの人の名前が書かれていますが、私が知っている名前は、一つもないのです。しかし、私は、大変心を揺すぶられました。その時、（あぁ、名前ってすごい意味があるんだな）ということを実感しました。

生き残った方々が、「申し訳ない。自分たちは、犠牲となった方々のおかげで、今、生きているのだ」という思いを抱いているのは、非常に重要なことだと思います。つまり、比喩的に言いますと、沖縄の平和の礎には、二十万という小さな十字架がたくさん並んでいる、ということです。私たちは、キリスト信徒として、エルサレム郊外の十字架を仰ぎますが、それを小さくした十字架は、我々の周辺にたくさんあるのですよね。ですから、イエスの十字架を仰ぐということは、我々の周りの小さな十字架の一つひとつをしっかりと見つめていくことでもある、と思います。

沖縄の多くの人たちは、たとえキリスト者でなくても、あの戦争によって、多くの十字架の経験をしているのだと思わされます。キリスト教の語る福音、あるいは、イエスが人々の罪のために亡くなられたという贖罪信仰は、ただ単に、キリスト教会の中だけにあるのではない。その信仰を受け入れた人々が、日常生活の中で、たくさんの十字架をしっかりと見据えて生きることでもあるのではないか、と思います。その辺のところを、もう少し立ち入ってお話していただければと思います。

竹田　ありがとうございます。私も沖縄に行き、たくさんの礎を見ました。贖罪信仰と言えるかどうかはわかりませんが、それでも、あのように死んでいった人たちのいのちの上に私たちは生きているという理解は、大変大切な事だと思います。なぜなら、それがないと、結局私たちの生そのものが空洞化してしまうからです。

「慈しみ」について考える上でも、あるいは、私が最後に述べました免償の話においてもそうですが、死んだ人たちの上に、今の私たちの生がある、と強く感じています。そういう意味で、今ご指摘してくださったことは、大変ありがたいと思います。

また、お話の中で、先生は、スプランクニゾマイ（σπλαγχνίζομαι）については言及されませんでしたが、それは、ラハミーム（raḥamîm）に重なっていることなのかなとも思っていますが、いかがでしょうか。

月本　そうですね。我々現代人は、物事を頭の中で考えますが、古代の人たちは、むしろ、身体全体で考えていましたね。つまり、思考の場は、確かに頭の中にもあったでしょうが、それはごくごく一部で、むしろ身体の真ん中、内臓部分で考えていたのではないでしょうか。人から厳しく咎められて思い悩む時、実際、内臓が動くんだそうです。

私も実は、一度だけそういう経験をしたことがあります。若い時、ある論文を西欧語に翻訳して出したところ、非常に厳しい批判を受けました。その批判を読んでいた時、自分のそれこそ腸がギューっと締め付けられる体験をしました。(あぁ、断腸の思いとはこういうことか)と思いました。事実、本当に深い悲しみを体験する時、腸などがグーッと動くんだそうですね。

ですから、古代の人たちは、そうした経験によって、特に感情的な面を表現する時、内蔵のある部分を表す言葉を使ったのだと思います。それと同様のことは、「心」という日本語にも、英語の「ハート」(heart)などにも残っています。ヘブライ語の場合、とりわけ、心臓と腎臓によって表します。また特に、他者への共感を表すときには、午前中にご紹介しましたように、女性の子宮や母体を使って表しますね。同じことは、ギリシャ語の「スプランクニゾマイ」にも言えるかと思います。

信仰によって義とされる

竹内　以前から、セム語族の人々と東洋に生きる私たちとの間には、ものの理解・捉え方において親近性があるのではないか、と思っています。つまり、抽象的・論理的というよりも、むしろ、具体的に考えるということです。そこはまた、魅力的なところでもあるとは思うのですが。

現代の人々は、あまりにも西洋の近現代的な物の考え方の影響を受けているので、分析的になるのではないかと思います。例えば、臓器移植などは、身体のある部分の調子が悪くなったら、その部分を取り換える、といった発想です。その人の全体から見ていく、といった発想はありません。ですから、当然そこには、死生観のズレが生じてくるのではないかと思います。

月本先生のレジュメの中に、「信仰義認」という言葉が出てきました。とても難しいところなのですが、そのことについて触れているガラテヤ書を、少々ながいのですが、ご紹介したいと思います。

だから、信仰によって生きる人々こそ、アブラハムの子であるとわきまえなさい。聖書は、神が異邦人を信仰によって義となさることを見越して、「あなたのゆえに異邦人は皆祝福される」という福音をアブラハムに予告しました。それで、信仰によって生きる人々は、信仰の人アブラハムと共に祝福されています。律法の実行に頼る者はだれでも、呪われています。「律法の書に書かれているすべての事を絶えず守らない者は皆、呪われている」と書いてあるからです。律法によってはだれも神の御前で義とされないことは、明らかです。なぜなら、「正しい者は信仰によって生きる」からです。律法は、信仰をよりどころとしていません。「律法の定めを果たす者は、その定めによって生きる」のです。キリストは、わたしたちのために呪いとなって、わたしたちを律法の呪いから贖い出してくださいました。「木にかけられた者は皆呪われている」と書いてあるからです。それは、アブラハムに与えられた祝福が、キリスト・イエスにおいて異邦人に及ぶためであり、また、わたしたちが、約束された〝霊〟を信仰によって受けるためでした(ガラテヤ三7―14)。

「信仰によって義とされる」と言ったとき、ともすると、私たちは、その「義」を社会正義などと言われるときの「義」に置き換えてしまうのではないでしょうか。でも、パウロの語る「義」は、それとは違うのではないかと思うのですが、そのあたりのことをお伺いできれば、と思います。言い換えれば、「信仰」と「義」の関係についてです。

月本　私は、実は、物事を神学的に考えてきませんでしたから、きちんと自分の中で整理されていませんが、こう考えることもできるかもしれません。先ほどの田中先生のコメントにありましたように、親鸞あるいは浄土真宗の流れでは、「罪人であればこそ仏の慈悲によって救われる」と言いますね。「善人なをもて往生をとぐ。いわんや悪人をや」と。悪人だからこそ、先に救われるのだと。なぜかと言えば、悪人が信心深いからではなく、既に弥陀の本願（「人間を救ってあげよう」）があり、そこにこそが人間の救いの根拠になる、という理解だと思います。

パウロは、自分の信仰が深いから救われる、とは考えていません。自分が救われる・義とされる・神に受け入れられる――それらの根拠は、自分自身にではなく、神にこそあるということです。言い換えれば、御子イエス・キリストの「まこと」にある、という理解です。

もう亡くなられて三十年以上も経ちますが、前田護郎という先生が、「イエス・キリストのまことによる義」と訳されました。先生は、それを説明されるにあたって、非常に具体的な話をしてくださいました。

ある信仰深いご婦人がいました。ある時、その方は交通事故に遭い、非常に強く頭部を打ち脳が損傷してしまいました。その後、それまでの信仰を捨てるどころか、神を呪うようになった、ということです。この婦人に対して、神は、救いの手を差し伸べていないのでしょうか。信仰を失ったら、そのまま滅びに向かってしまうのでしょうか。「そうではあるまい」と先生は言われました。私は単純ですから、先生の話は、非常にわかりやすかったのです。

あるいは、イスカリオテのユダは救われるのだろうか、と言う人がいます。これは研究者の間でも、いろいろな議論があるところです。それに対して、前田護郎は、「私は救われると思いますよ」と仰った。「もしユダが救われないとしてら、自分も救われませんから」とも仰いました。要するに、救いの根拠は、自分にではなく神にこそあるということです。

大学生の頃、私は、大学紛争の時期にあり、それまでのキリストへの信仰が大きく揺れた経験をしました。そのような時、前田護郎の非常に具体的な言葉を聞いて、私なりに、もう一度聖書への信仰に帰れたと思っています。ですから、ロマ書やガラテヤ書などでパウロの語る「信仰義認」について考える時、ルター以来言われていることですが、信仰の根拠は、自分の中にではなく、神の恵みにこそあると理解しています。それは、先ほど田中先生がコメントしてくださったように、旧約聖書の「エメト／エムナー」にまで遡りますが、それらもまた、人間にではなく、神にこそ根拠はあるということです。信仰は、神から与えられるものです。

竹内　ありがとうございました。先ほど、私たちは、教皇フランシスコのモットー〝*miserando atque eligendo*〟について考えました。そこから思い出されるのが、ジョン・ヘンリー・ニューマン（John Henry Newman）です。彼は、ご存知の方もいらっしゃるかと思いますが、十九世紀のイギリスにおける優れた神学者で、英国国教会からカトリックに移った人です。彼は、枢機卿に叙せられた時、〝*Cor ad cor loquitur*〟（心は心に語る）をモットーとしました。ここで語られる「心」（*cor*）の捉え方は、今日、私たちが一緒に考えてきました「慈しみ」とか「まこと」にかなり重なるのではないか、とも思います。

それでは、これをもちまして、今回の連続講演会、そしてこのシンポジウムを終了としたいと思います。まもなく待降節を迎えます。皆さんが、主のご降誕に向けてよい準備の時を過ごされますように、お祈り申し上げます。ありがとうございました。

（文責　竹内　修一）

執筆者紹介

月本　昭男　（つきもと　あきお）

1948年生まれ。東京大学文学部および人文科学大学院、ドイツ・テュービンゲン大学文化学部出身。上智大学神学部教授。

『古代メソポタミアにおける死者供養の研究』（独語）1985年。『目で見る聖書の時代』日本キリスト教団出版局、1994年。『ギルガメシュ叙事詩』岩波書店、1996年。『創世記』（訳書）岩波書店、1997年。『エゼキエル書』（訳書）岩波書店、1999年。『詩篇の思想と信仰』Ⅰ—Ⅳ、新教出版社、2003—13年。『古典としての旧約聖書』聖公会出版、2008年。『古代メソポタミアの神話と儀礼』岩波書店、2010年。『旧約聖書にみるユーモアとアイロニー』教文館、2014年。『この世界の成り立ちについて』ぷねうま舎、2014年。『聖書の世界を発掘する』（共著）リトン、2015年。

HAIDAR JUAN CARLOS　（アイダル・ホアン・カルロス）

1965年生まれ。エルサルバドル大学　Fac.Phil（アルゼンチン）、上智大学、コミリアス大学（スペイン）出身。上智大学神学部教授。

「H. U. フォン・バルタザールの人間理解」『上智大学人間学会人間学紀要』32号、2002年。*La santidad inútil. La relación entre la ontología y la ética en el pensamiento de Emmanuel Levinas*, Ediciones Universidad Católica de Córdoba, 2008.「ユダヤ教におけるメシア理念の理解」『終末を生きる』リトン、2012年。「現代宗教哲学における「信」と「いのち」」『共生学』8号、2014年。

竹田　文彦　（たけだ　ふみひこ）

1961年生まれ。京都大学大学院博士後期課程 (キリスト教学専攻) 修了。オックスフォード大学大学院 Doctor of Philosophy (学術博士 神学・オリエント学)。清泉女子大学教授。

「シリア語版『アントニオスの生涯』－エジプト修道制とシリア原始修道制の一会合点」日本基督教学会『日本の神学』 第39号、2000年。“Monastic Theology of the Syriac Version of the Life of Antony” *Studia Patristica XXXV*, Leuven, 2001年。「女性としての聖霊 - 初期シリア・キリスト教における聖霊理解」日本基督教学会『日本の神学』 第47号、2008年。「「ネストリオス派」？ －東シリア教会のキリスト論再考」日本カトリック神学会『日本カトリック神学会誌』第22号、2011年。

竹内　修一　（たけうち　おさむ）

1958 年生まれ。上智大学哲学研究科修了、同大学神学部神学科卒業、Weston Jesuit School of Theology（STL：神学修士）、Jesuit School of Theology at Berkeley（STD：神学博士）。カトリック司祭（イエズス会）。上智大学神学部教授。
『風のなごり』教友社、2004 年。『ことばの風景』教友社、2007 年。『教会と学校での宗教教育再考』（共著）オリエンス宗教研究所、2009 年。『愛——すべてに勝るもの』（共著）教友社、2015 年。「キリスト教における人間観」上智大学生命倫理研究所『生命と倫理』2016 年。『【徹底比較】仏教とキリスト教』（共著）大法輪閣、2016 年。「いのちと平和」上智大学キリスト教文化研究所『紀要』2017 年。

慈しみとまこと　――いのちに向かう主の小道

発行日　2017年10月30日

編　者　上智大学
　　　　キリスト教文化研究所
発行者　大石昌孝
発行所　有限会社　リトン
〒101-0061　東京都千代田区三崎町2-9-5-402
電話 (03) 3238-7678　FAX (03) 3238-7638
印刷所　互恵印刷株式会社

ISBN978-4-86376-062-2 C0016　<Printed in Japan>

主の恵みを見る――聖書における「見る」と「聞く」

高柳俊一編　　　　　四六判並製　262 頁　本体 2800 円＋税

森　一弘／柊　暁生／雨宮　慧／岡崎才蔵／泉　安宏／江川　憲／小林　稔／石川康輔／高柳俊一師の論文を収録。

ISBN978-4-947668-44-8

聖書における感情

高柳俊一編　　　　　四六判並製　262 頁　本体 2800 円＋税

森　一弘／柊　暁生／雨宮　慧／岡崎才蔵／石川康輔／江川　憲／泉　安宏／小林　稔／高柳俊一師の論文を収録。

ISBN978-4-947668-49-3

新約聖書の中の旧約聖書

上智大学キリスト教文化・東洋宗教研究所編

四六判並製　170 頁　本体 2200 円＋税

森　一弘／岡崎才蔵／江川　憲／小林　稔／高柳俊一師の論文を収録。

ISBN978-4-947668-54-7

後の世代に書き残す

上智大学キリスト教文化・東洋宗教研究所編

四六判並製　186 頁　本体 2200 円＋税

森　一弘／岡崎才蔵／高柳俊一／江川　憲／小林　稔師の論文を収録。

ISBN978-4-947668-60-8

思いがけない言葉――聖書で見過ごされている文書

上智大学キリスト教文化・東洋宗教研究所編

四六判並製　176 頁　本体 2200 円＋税

森　一弘／雨宮　慧／佐久間勤／小林　稔／高柳俊一師の論文を収録。

ISBN978-4-947668-68-4

主の道を歩む――聖書における「道」の意味・構図

上智大学キリスト教文化・東洋宗教研究所編

四六判並製　186頁　本体2200円＋税

佐久間勤／岡崎才蔵／森　一弘／小林　稔／高柳俊一師の論文を収録。

ISBN978-4-947668-77-6

心に湧き出る美しい言葉――福音、ことば、道

上智大学キリスト教文化・東洋宗教研究所編

四六判並製　152頁　本体2200円＋税

小林　稔／森　一弘／高柳俊一／佐久間勤／岡崎才蔵師の論文を収録。

ISBN978-4-947668-83-7

主と食卓を囲む――聖書における食事の象徴性

上智大学キリスト教文化・東洋宗教研究所編

四六判並製　171頁　本体2200円＋税

佐久間勤／江川　憲／高柳俊一／森　一弘／小林　稔師の論文を収録。

ISBN978-4-947668-89-9

洗礼と水のシンボリズム――神の国のイニシエーション

上智大学キリスト教文化研究所編

四六判並製　164頁　本体2000円＋税

佐藤　研／森　一弘／江川　憲／高柳俊一／増田祐志師の論文を収録。

ISBN978-4-947668-99-8

パウロの現代性――義認・義化の教師としてのパウロ

上智大学キリスト教文化研究所編

四六判並製　148頁　本体2000円＋税

高柳俊一／手島勲矢／佐久間勤／宮本久雄／森　一弘師の論文を収録。

ISBN978-4-86376-007-3

史的イエスと『ナザレのイエス』

上智大学キリスト教文化研究所編

四六判並製　180頁　本体2000円＋税

佐藤　研／岩島忠彦／里野泰昭／増田祐志／川中　仁師の論文を収録。

ISBN978-4-86376-016-5

さまざまに読むヨハネ福音書
上智大学キリスト教文化研究所編
四六判並製　142 頁　本体 2000 円＋税
川中　仁／武田なほみ／三浦　望／高柳俊一／増田祐志師の論文を収録。
ISBN978-4-86376-021-9

終末を生きる
上智大学キリスト教文化研究所編
四六判並製　166 頁　本体 2000 円＋税
光延一郎／雨宮　慧／小林　稔／ホアン・アイダル／川村　信三師の論文を収録。
ISBN978-4-86376-026-9

日本における聖書翻訳の歩み
上智大学キリスト教文化研究所編
四六判並製　154 頁　本体 2000 円＋税
佐藤　研／小高　毅／渡部　信／山浦玄嗣／佐久間勤師の論文を収録。
ISBN978-4-86376-033-2

文学における神の物語
上智大学キリスト教文化研究所編
四六判並製　132 頁　本体 2000 円＋税
片山はるひ／佐久間勤／竹内修一／山根道公師の論文を収録。
ISBN978-4-86376-039-4

聖書の世界を発掘する——聖書考古学の現在
上智大学キリスト教文化研究所編
四六判並製　174 頁　本体 2000 円＋税
津本英利／小野塚拓造／山吉智久／月本昭男／長谷川修一氏の論文を収録。
ISBN978-4-86376-045-5

ルターにおける聖書と神学
上智大学キリスト教文化研究所編
四六判並製　156 頁　本体 2000 円＋税
内藤新吾／竹原創一／吉田　新／川中　仁／鈴木　浩／竹内修一師の論文を収録。
ISBN978-4-86376-053-0